幸せですか!?

人生をバラ色に変える
コミュニケーション講座

〜Kim pittの教育現場から〜

Kim pitt 著

前書き

　私（金泰勲、以下、Kim pittという）は、これまで様々な教職科目を通じて、いろいろなタイプの大学生と出逢ってきました。特に、長い間教育実習の巡回指導を担当し、日本の公教育の現場を各地で多く体験しています。
　今まで出逢った学生たちの中には、通学制の学生から、LD（学習障がい）やADHD（注意欠陥・多動性障がい）といった特別支援教育を必要とする学生、通信制の社会人学生など、様々な学生がいました。こうした多様な背景をもった学生に対しても「基礎的な知識」をしっかり指導し、さらに、それぞれの学生に、「教員としての行動力」や、「人間的な共感能力をもつ豊かな人間力」の必要性を強調してきました。「人間としてどう生きていくべきか」が問われているこの時代に、多様なタイプの学生への教育経験を活かし、「人間としての在り方」、「生き方の教育」をキーワードに掲げ、教職課程の学生の指導や教育活動を実践してきました。
　日本の学校には家庭環境や学力や性質の違った子どもたちをはじめ、数多くの外国人の子どもが、小学校や各教育機関に在籍しています。そんな中、育った背景の違いによる認識や習慣のずれなどで、コミュニケーションがうまくいかず、しばしばトラブルが起こっています。それ故に教員になろうとする学生には、多様な子どもたちへの教育ということにこれまで以上の対応が迫られます。「社会における共生」という観点で、自らの体験（日本の学校におけるPTA活動、教育実習の巡回指導、不登校やニートの子どもたちのために設立されたフリースクールや若者支援塾など）に基づいて、教職課程の学生をはじめ、それ以外の学生にも多様な背景をもつ児童・生徒との接し方、つまり「コミュニケーション力」「人間関係形成能力」の育成に努めてきました。本書は、日本の学生の特に苦手な「コミュニケーション力」の育成をこれまでの経験から得た知識や技術、講義中の出来事を中心にまとめたものです。ここでいう「コミュニケーション力」とは、まずは、「自分とのコミュニケーション」です。なぜなら、今の大学生をみると、「自分とのコミュニケーション」を忘れて生きている人が多いからです。他者に認められたいという欲望だけで生きているため、当然ながら他者とのコミュニケーションが出来ていません。そこで、筆者が気付いたことは、まず、自分とのコミュニケーション力を育て上げなければならないということです。「社会」

（世間）、「家族」「学校」（幼稚園・保育園）、「小学校」、「中学校」、「高等学校」、「大学」、「職場」または、「生まれ育った地域」や「結婚して家族をもった地域」といった日本社会に身を置き成長するなかで、人はどのように生きるか。そうした成長過程において、「コミュニケーション」は最も大切なものです。人間同士相互のやりとりは相手に望むだけではうまくいきません。どう伝えるべきなのか、伝えたいことを知るために、どうあるべきなのかについて知ることは肝要です。

　本書は最近大きな社会問題になっている「コミュニケーション力の育成や、どう生きるべきなのか」「幸せとは何か」「なぜ、善く（精一杯）生きなければならないのか」「善く死ぬためにはどう生きるべきなのか」など、大学での実体験を中心にブログに書いたものを厳選・再編集したものです。本書を通して自分の生き方を自分で決められることに役立てていただければ幸甚です。

　科学者らによると、地球誕生から50億年を経て、少なくともこれから50億年は持つといわれてます。「地球誕生から滅亡まで、一人の人間が生まれる確率は、生物学者によると、10^{400}の確率なのだそうです。まさに、人間が生まれたこと自体が奇跡といえます。そんな宝物である生命、いかに生きるべきなのか、真剣に考えるべきです。本書を読まれている間、あなたの心や頭の中に素敵な思い、幸せな思いだけを思い出してください。

　そうなるために、まずこの本を読まれる前に、簡単なストレッチをしましょう。まず、首を上下に、つまり縦に何度も振ってみましょう。横ではなく、なぜ、縦なのか。人間が首を縦に振ることは、相手の話を聞き、さらに同意しているサインを表す行為です。これは、相手とコミュニケーションを取る際に、非言語コミュニケーションとして最高の自己表現になるのです。

　首を上下に振ることを習慣づけると、肯定的なマインドになり、心豊かな人になります。横だとその反対です。この本を読んでいる間はずっと首を縦に振るようにしてください。読み終わったら首が筋肉痛になるほどに。

もくじ

1章　幸せを求めコミュニケーション力を育もう

1. 愛してるの対義語は何か？ …………………………………………… 10
2. 人の心をゲットすることができる ……………………………………… 10
3. 幸せは伝染するもの ……………………………………………………… 11
4. 教育のキーパーソンは母親なのか ……………………………………… 12
5. 「先生、俺違う、俺違う」 ……………………………………………… 12
6. 講義中名前で呼ばれたのは初めて、しかもフルネームで …………… 13
7. Kim pitt を困らせる質問 ………………………………………………… 14
8. 人間、怒りを感じた際に、どうすればよいのか！ …………………… 15
9. 心や性格を直さないと、永遠にブスから抜け出すことはできない … 16
10. 皆さんは、援助交際、どう思いますか ………………………………… 17
11. この地に住んでいる子どもたち、みんなが私たちの子どもです …… 18
12. 人間よ、人間的であれ。それがあなた方の第一の義務です ………… 19
13. コロッケ2個だ …………………………………………………………… 20
14. 人間関係が上手くいくためには ………………………………………… 22
15. あ、い、う、え、お、の力 ……………………………………………… 23
16. 講義中の私語 ……………………………………………………………… 23
17. おデブ嫌いへのギャグ …………………………………………………… 24
18. 先生に自分の顔を覚えさせること ……………………………………… 25
19. ここは僕の席です ………………………………………………………… 26
20. 他者とコミュニケーションを取るためには …………………………… 26
21. 先生、三段腹になるよ …………………………………………………… 27
22. 異なるファッション感覚からコミュニケーション …………………… 28
23. 君、アインシュタインの妹さんなのかよ ……………………………… 29
24. 幸せな講義のひとコマ …………………………………………………… 30
25. 笑顔でピンク色の服を着ること ………………………………………… 30
26. 言語力の威力 ……………………………………………………………… 31
27. 先生自らがリラックスすることが大切 ………………………………… 32
28. 1人で生きていけるものなのか ………………………………………… 32
29. 宝くじの6億円に当たるよりも確率がかなり低い …………………… 33
30. コミュニケーションを目指す …………………………………………… 34
31. コミュニケーションと父親の役割 ……………………………………… 34
32. そういう考えもあるんだね ……………………………………………… 35
33. ボールを投げてくる人は無視すること！ ……………………………… 36
34. 幸せは心ではなく体にある ……………………………………………… 37
35. 幸せになりたいなら、幸せな人と一緒にいればいい ………………… 38
36. 君らみんなMかよ ……………………………………………………… 38
37. 景観破壊になるからやめて欲しいんだけど …………………………… 39
38. 1億3000万人、すべてが好きなわけないです ………………………… 40
39. 他者を思いやることは難しいことではない …………………………… 41
40. 童顔よりも童心をもとう！ ……………………………………………… 42

41. 人間、誰かが自分の名前を呼んでくれると幸せになる …………………43
42. 食べようカレーを。幸せを感じるために …………………45

2章　幸せを求め生き方を考えよう

1. これができてたら、あの事件はなかった。どうすれば幸せになれる？ …………48
2. バナナを手に握ったままでは死んでしまう …………………49
3. 過去はヒストリー、現在はプレゼント（贈物）、未来はミステリー …………………50
4. 自分の弔事、追悼文を自分で書いてみること …………………51
5. 人生の Buddy はいますか …………………51
6. 母親は土台で、父親は建物で、子どもは屋根 …………………52
7. 人間の知恵はお金よりも貴重（危機はチャンス） …………………53
8. 人間は心の中で考えたとおりの人間になる …………………54
9. 我々が心配していることの90％は起こらないと言われてる …………………55
10. 自分中心の親切やもてなしは、相手に負担を与える …………………56
11. 人間にとって成長が止まったことは死を意味する …………………57
12. 世の中で一番美しい言葉は …………………57
13. 手を加えたことでさらに景観破壊となった …………………58
14. あなたの心には「心師」はいますか …………………59
15. 人生を100点満点にするための条件は何か …………………60
16. 一生懸命やることとは …………………61
17. 集中力を育むこと …………………62
18. 自分が可愛いと思い込んでいる女性は餓死する …………………62
19. 生きるためには食べなくては1 …………………63
20. 生きるためには食べなくては2 …………………64
21. 生きるためには食べなくては3 …………………65
22. 皆さんも幸せになりなさい …………………66
23. 男性は年を取るたびに友達が減ります …………………68
24. どれだけ居場所が大切なのか …………………69
25. なぜ、いつ、人間は寂しくなり、自分が不幸だと思うのか …………………69
26. 寂しさも孤独も愉しめるようになります …………………69
27. 幸福指数を高める良い方法はないのか …………………70
28. 悔いのない人生を送ってこそ、安らかな死を迎えることができる …………………71
29. 自分にとって幸福や不幸の原因は自分の中にある …………………72
30. 一度も失敗したことはない …………………73
31. パピヨンは人生を無駄にした罪で裁かれ死刑宣告を受けます …………………73
32. あなたが無駄に過ごした今日は、昨日死んでいった人があれほど生きたかった明日である …………74
33. 飽きない味にするため …………………75
34. 5つの法則 …………………76
35. 皆さんにとってリンゴの木は誰ですか …………………77
36. だから、幸せじゃないんだよ …………………78
37. これが人生なら、もう一度今の人生のまま生きたい …………………79

もくじ

38. 生きることには、Live, Love, Laugh, そして Learn の意味がある　80
39. あなたは、この世に望まれて生まれてきた大切な人　81
40. 水泳を学んだらいかがですか　82
41. とにかく笑ってごらん！　82
41. うるさいわよ、あたしが降りる　83
42. 1人に感謝され、お返しがあれば御の字　84
43. 自分がいなければ何もない　85
44. 大切なのは、蝶になれた、なれなかったではなく、蝶になろうとしたかです　86
45. 善い生き方をするためには、もう少し生意気になりなさい　87
46. おじさんたち、だらしなさすぎる　88
47. 人を憎まないことを習慣づけると、人生は楽しくなる　88
48. 少子化から考える　89
49. 宇宙人だから、地球に住む資格はない　91
50. 人生を楽しもう　91
51. 我慢することに慣れている　92
52. 働くことは美徳なのか　93
53. 好きな人は、肯定的なマインドの人、ポジティブなマインドの人、明るいマインドの人　94
54. あなたは家族に、どう登録されてますか　94
55. 生きたい　95

3章　幸せを求め青春を生きる

1. 4200円はもったいなくない　98
2. 人間にとって最大の宝は友だち　98
3. なぜ、就職後、すぐに職場をやめてしまうのか　99
4. 自虐モードになったのか　100
5. 幸せ真っ最中の男の子　101
6. 別れ話は、せめてスタバでしなさい1　102
7. 別れ話は、せめてスタバでしなさい2　103
8. 怒りを通り越して悲しくなる　103
9. コンビニで塩でも買ってきなさい　104
10. 就職活動　105
11. 皆さんが今夢見ていることが、人類史を変えるかも知れない　105
12. 今日は英語の勉強!?　107
13. 社会の為に働こうとしている人が何人いるのか疑問　108
14. 社会の為に働こうとしている人が何人いるのか疑問に対する考え　109
15. エキストラ人生ではなく、主人公になる人生を送らなければならない　110
16. お金ではなく、知識や体力を蓄積しなさい　111
17. 経験の履歴書を書こう　112
18. 青春の1ページ　113
19. 恋することは憎しみを学ぶこと　114
20. 知性があると、恋も成功する　115

21. 死ぬ日を待ってだけでは幸福はこない ………………………………… 116
22. 三匹のこぶた ……………………………………………………………… 116
23. 人生は出逢いによって決まる …………………………………………… 117
24. 稼ぐために生きるかで悩む時期ではない ……………………………… 118
25. お金を払ってでも友達を買いなさい …………………………………… 119
26. 彼を振ったのは彼女だったこと ………………………………………… 120
27. この講義では、モーニングコールのサービスはしません …………… 120
28. 青春の履歴書の中身1 …………………………………………………… 122
29. 青春の履歴書の中身2 …………………………………………………… 123
30. DREAM IS NOWHERE …………………………………………………… 123
31. 女性が費やす6.5年間へのご褒美 ………………………………………… 124
32. これ以上は、別料金 ……………………………………………………… 124
33. 恋がしたいのか、遊びたいのか ………………………………………… 125
34. 死にたい訳は ……………………………………………………………… 126
35. 今のその感情は体の慰めがほしいだけ ………………………………… 127
36. この世に生まれてきたのは奇跡である ………………………………… 128
37. 幸せでいるための一つの合言葉 ………………………………………… 129

4章　幸せを求め教育に必要なものは

1. 過去の生徒の姿だけ見ているのか、今の彼の姿を見て欲しい ……… 132
2. 「亡くした心を取り戻す」ためには、何をすべきなのか …………… 133
3. 言葉のジェンダー ………………………………………………………… 134
4. ワイドショー的な感じで取り上げて欲しくない ……………………… 135
5. 学校教育に最も必要とされるのは？ …………………………………… 136
6. リアクションペーパーを書かせることで明らかになります ………… 137
7. 「自分で生き方を決める力」を育むこと ……………………………… 138
8. 君たちの行動や考えにより、1%が100%になり、逆に99%の確率が0%になる … 139
9. 10代20代の死亡原因の1位は自殺 ……………………………………… 140
10. 皆さんが生まれてきたことが奇跡です ………………………………… 141
11. 寂しさを乗り越える教育が必要 ………………………………………… 142
12. 「批判力」を育てる教育が肝要です …………………………………… 142
13. 出過ぎた杭は打たれない。むしろなんらかの役に立つ ……………… 143
14. 義務教育について ………………………………………………………… 144
15. 何が子どもたちを幸せにさせるのか …………………………………… 145
16. 学生がそこにいるから、教員です ……………………………………… 145
17. 学力低下ではなく、学力の格差が課題 ………………………………… 146
18. 「褒める」ことより「励ます」こと …………………………………… 148
19. 幸せじゃない返事が多い ………………………………………………… 148
20. 日本・韓国・中国人の国民性 …………………………………………… 149
21. Kim pittが尊敬する日本人 ……………………………………………… 150

幸せを求め
コミュニケーション力を
育もう

1．愛してるの対義語は何か？

　　この Kim pitt の問いに、多くの人は、「愛してない」、「無関心」、「嫌い」、「憎い」、「醜い」、「増悪」、「嫉妬」、「洗脳」、「放棄」、「殺人」、「虐待」などなど、否定的な言葉を挙げることが多いです。それだけ、愛することは肯定的な言葉であり、人間の心を豊かにさせることです。しかし、正解は「愛してたです」（あくまでも Kim pitt の考え）。

　　では、世の中で最も怖いものは何か？　この Kim pitt の問いには、多くの人が、「死ぬ」とこたえます。それだけ、死は恐ろしいものです。しかし、正解は「苦痛」です。それは、自殺や尊敬死を選ぶ方たちは、最も恐ろしいこととされている死を自ら選ぶまでに、私たちが想像できないほど、苦しんだはずだからです。切ないです。この「苦痛」の対義語は「幸福」でもあります。ちなみに、「嬉しい」の対義語は「怒り」です。だから、幸せになりましょう。

2．人の心をゲットすることができる

　　2人の仲良しの教え子がいました。2人は共通の夢を持っていました。それは、同じ自治体の教員採用試験に合格することでした。

　　試験の結果1人は合格、もう1人は不合格となりました。合格した子は不合格となった子を慰めようと思い、何度も電話をしたり、メールを送ったりしたけど、全く反応なし。その後も連絡を取ろうとしたが、返事なし。

　　しかし、他の人からの電話やメールには即答でした。合格した子は、彼のことを心配して、直接話したいと思い、会いに行きました。

　　彼に会って、「どれだけ心配していたと思う？　何度も連絡したのだから、一回ぐらい返事をしてほしい。お前が考えている友情とはそんなものだったのか!?　僕のこと親友だと思ってないのか、ヤキモチを妬いてるのか」と言ったそうです。

　　大学に入り、同じ夢の実現のために築いてきた2人の友情は終わりました。その後彼は、不合格となった子のことについて「あんなに心の小さい人間だと思っていませんでした」などと、彼に対する怒りを爆発。

　　言われた彼にも話を聞くことができました。彼曰く、確かに嫉妬心もあり、素直に、「おめでとう」と言える気分じゃなかったので、そのうち気持ちの整理ができたら、「おめでとう」と言おうとしたのだそうです。

　　しかし、もし逆の立場だったら、怒りを爆発させていた子は素直に、「おめで

とう」と言えたのか!? 2人の関係は形だけの親友であって、心の通った心友ではなかったわけです。少しでも心が通っていたなら、2人の関係は変わっていたかも。皆さん、ヤキモチ、嫉妬心、ジェラシーは人間の自然な感情です。悪くないことです。決して心の小さい人間でもないです。人に傷つけられると、その怒りを爆発する相手は家族か、弱い立場の人になります。

皆さんの人間関係はどうなっていますか？ 今、この瞬間に誰かが自分のことに嫉妬心を持ってるかも知れない。または、あなた自身が誰かを嫉妬しているかもしれません。誰かのことを嫉妬することは罪ではなく、成長の源になります。これを読まれているあなた、人間関係について、考えてみましょう。

3．幸せは伝染するもの

講義の最後に学生達に、いつもリアクションペーパーを書かせますが、ここではある男子生徒が書いたリアクションペーパーの話をしたいと思います。彼は、講義の中身とは関係なく、いつも文句ばかり、否定的なことしか書きませんでした。何度かそんな彼とコミュニケーションを試みましたが、全くKim pittを受け入れようとしません。

ある日、教育相談関係をテーマとした時間の中で、生徒指導の際、生徒との相談を試みる方法などについて説明しながら、間接的に彼にコミュニケーションをとろうとしました。さりげなく学生の皆さんに言いました。「皆さん、教師になって見ると、いろんなタイプの子どもがいます。なかには、文句ばかり言ってくる子、常にネガティヴに考え、否定的なことしか言わない子もいるけど、それは間違いなく先生のことが好き、構ってほしいということであり、先生と話がしたい、だけど勇気がない子が多い。そして素直な子が多い。そんな子には、ムキにならないで、無視しておくことも、指導法の一つだよ。また、皆さんの周りに、常に否定的な人がいれば、自身も否定的になるので、近寄らない方が良いのです。幸せになりたい人は、自分が幸せだと思ってる人、明るい人と友達になりなさい。間違いなく幸せになる。幸せは伝染、つまりうつるものだから、せっかくの大学時代、良い友人関係を築いてほしい。」とリアクションペーパーを書かせる前に話しました。

その日の彼からのリアクションペーパーはすごくまともな内容のもので、最後に「先生の幸せは伝染という言葉に感動しました」と書かれていました。彼のペーパーを読みながら、私の両目には幸せの涙があふれました。

4．教育のキーパーソンは母親なのか

　Kim pitt が関わっていたニートのための若者支援塾。そこには、18歳から35歳まで12人（男10人、女2人）の若者がいました。責任者からの依頼があり、彼（女）らに会ってお話しをうかがったことがありました。
　そこで彼（女）らには共通の悩みがあることに気づきました。彼（女）らは、だれもが母親と上手くいっていなかったのです。
　日本で事件に巻き込まれて亡くなる子どもの約7割は実の親、特に母親による何らかの関与によって、その犠牲になります。引きこもりも同様です。その子どものために、最後まで働くのも母親です。教育は「母親」がキーワードなのでしょうか。
　ルソーのエミールの言葉を引用します。
「理性だけが我々に善と悪を見分けることを教えてくれる」
　ルソーにとって教育の目的は、精神の成長であり、幼少期より精神に先んじて肉体を鍛えることで精神の成長を促し、同時にその成果を出そうとします。さらに、人間の目標は幸せになることであり、そのために教育があるとルソーは説いています。

5．「先生、俺違う、俺違う」

　人間を科学する学部での出来事です。その学部では、一時的に Kim pitt の授業は、不名誉にも「下ネタの嵐」と評判になりました。ちなみに、この"評判になる"という現象は、人間にしかおこせないものです。しかし、Kim Pitt は自分から下ネタを言うのは平気だけど、人から下ネタを言われると恥ずかしくなります。（このことについては、今は県立高校で教鞭を執っている当時 TA の関遼太郎くんが学生のみなさんに教えてしまい（泣））。
　その日の授業の合間に、「教育と恋」について話してしました。
Kim pitt「人間の心を確実に育てるのは道徳教育でもなく、"恋"だから…、恋をするとコミュニケーション力もかなり向上する。たとえば、ラブレターを書きなさい。また、狙った女の子を落とすラブテクニックは凄いコミュニケーション力だよね。むろん強制的、力まかせなど、物理的に強引な行為は犯罪だよ。それは最低な人がやるもの。そんな人は死刑…」
すると学生からの反応が、

男子学生A「先生のその論すげ～」
女子学生A「でもその話、男中心じゃないんですか」（納得いかないような感じ）
Kim pitt「いや逆も考えられるよ。女の子も好きな男性がいれば自ら口説けばいいんだよ。男性にナンパされるのを待っていたら他の女の子に彼氏を取られるから…」
この会話を聞いていた別の男子学生が、
男子学生B「先生、問題ないんです。こいつ（女子学生Aを指しながら）しょっちゅう男の子を逆ナンパするから」
一瞬、教室の中が静まり返りました。しかし、それもほんの数秒の間。そこから女子学生Aの逆襲が始まりました。
女子学生A「私が倒したのはあんた（男子学生Bを指しながら）だけど」
教室の中は当然ながら、爆笑。しかしその男の子は顔が真っ赤になり
「先生、俺違う、俺違う」
と手や顔を一生懸命に振りながら、否定していました。本当はどうだったのでしょうか！

6．講義中名前で呼ばれたのは初めて、しかもフルネームで

　教職課程の講義を189人が受けていました。学生は体育系の学生、教科は「教育原理」。人数の関係なのか、元気モリモリ、私語も旺盛だったため、途中で5分程度お喋りの時間を設けるなど、いろいろ工夫もしましたが、あまり効果はあがりませんでした。仕方なく、自分の才能を活かす作戦に入りました。実は、Kim pittは、人の名前や顔を覚える才能を誰よりも持っているし、自信があります。学生らに言いました。「今後私語に関する注意は、一切しません。その代わりに私語の多い人はお名前をチェックし、総合評価の際に減点します」と言いました。学生らは当然ブーイング。その多くは、「僕らの名前も知らないのに、どうしてできるのか」でした。そこで、こう見えても君らの名前をほとんど覚えていると言ったら、学生から、「嘘だ、嘘」の連発。Kim pittは学生らの挑戦的な発言に乗り、あててみようかと言い、1人ずつ顔を見ながら名前を言いました。結果、正解187人、不正解2人。不正解者には、今も申し訳なく思っています。学生から悲鳴と、「これじゃいい加減にできない」という声が。それは、開講からわずか3週目でした。

それから、しばらく経つと、切り替えが早い人らは、もう忘れて私語を続出。そこで、私語の多い男子学生がいたので、「山×くん、お話があるなら、外に出てお話を済ませてから戻りなさい」というと彼は黙っていました。講義の後、彼が Kim pitt の所に寄ってきました。なぜか、その学生の目には涙が。
「先生、俺これから真面目にやる、頑張る」
「どうした！急に？」
「俺、今４年生だけど、今まで講義中名前で呼ばれたのは初めて、しかもフルネームで」
「何それ？」と聞くと、
「いつも、先生らに、そこ、君、デブ（実際に体の大きい子だったので、そう呼ばれていたよう）、などで呼ばれていました」
「バカじゃん、そいつら。でも、良かったね。頑張る気持ちが出てきて」
　その後、聞いた話によると、6年生までやって卒業できるかどうか怪しい学生だったらしいのですが、そこから彼は張り切り、踏ん張り、5年で卒業し、しかも4年生と5年生の成績はほとんど A を取れたそうです。
　さりげなく、口から発した教員の一言は、子どもを輝かせるか、ダメな人間にするかです。ちなみに、「先生はなぜ僕らの名前覚えているんですか？」と聞かれ、「君らに恋しているからだ、ダメ？」と言ったら、「いやー嬉しいです」と言わました。人は誰かが自分の名前を覚えてくれていて、名前で呼ばれると嬉しくなります。
　今、義務教育の現場でも、名前で呼ばれることが少なくなったと言われています。悲しいことです。

7．Kim pitt を困らせる質問

　フランスの歴史教育思想学者であるアリエス（1914-84）の「＜子供＞の誕生」（彼の心性史）について講義中、最近の社会問題である少子化を始め、妊娠、避妊などの話で盛り上がった時、1人の女子から質問がありました。
「産児制限やエイズなどの性病の予防として WHO ではコンドームの使用を推奨している。カトリックではコンドームの使用を認めてないが、先生はカトリック信者として、そのへんの認識のズレをどう考えているのか。また先生ご自身はどうされているのか」
でした。

それまで私語でうるさかった学生もむろん、みんなの視線が Kim pitt に集中。意図的に、Kim pitt を困らせるための作戦だったかも！一瞬、言葉を失いました。そこで、真剣になりすぎてもおかしいし、それに質問が長引くだけになる、という判断をして彼女に返しました。
「基本的に Kim pitt は『なま』が好きです」
教室の中は大爆笑。暫く笑いが止まらなかったが、その後も話しを続けました。
「Kim pitt はカキ（牡蠣）も生カキは大好きでよく食べるけど、カキフライはダメで、卵も生は問題ないが、ゆで卵はダメで、レバーも生は好きだけど、レバー炒めはダメで、栗も、大根も、サツマイモも、生の方が好きでよく食べます」
これは、事実です。だから、年間を通してゆで卵は一度だけ食べます。それは、イースターのときだけです。
　ちなみに、カキによる食中毒になると大変ですが、B型の人はカキにあたらないらしいです。B型の血液には免疫ができているらしいのです。

8．人間、怒りを感じた際に、どうすればよいのか！

　まず、息を整えることです。
生きるためには息をしなければなりません。息をすることで体循環は正常に行われます。だから、怒っている時、我々は息が苦しくなったり、息が詰まりそうになる訳です。仕方なく喧嘩になったら、喧嘩をしながらもしっかり息をすることを忘れてはなりません。息をせずに喧嘩をするから、心から出てくる人間の言葉ではなく、喉から出てくる叫びとなり、平気で相手を傷つけてしまいます。それでも、相手と話が上手くいかない時は、深呼吸をしながら、1から10まで数えることです。実際にやってみたら、怒りが収まりました。
　二番目は、その場から離れ、歩くことです。歩くと意外と心が落ち着きます。頭の中も整理できます。これは、つまり「散歩」です。日常の習慣として心がけたいものです。散歩は心にも、身体にも良いです。
　三番目は、日常生活の中で食べ物に気を遣うことです。インスタント食品を摂らないこと。お肉を控えめにすることです。これは医学的にも証明されていることで、攻撃的な人に肉食をやめさせ野菜中心の食事をさせたら、非常にマイルドな性格になったそうです。確かに動物の世界に目を向けると納得できます。
　四番目は、一日を楽しく暮らそうとする発想です。そのためには、しっかり休んでください。

五番目は、自分自身にご褒美を与えることです。誰かからご褒美をもらうことを期待せず、自分のことですので、ほしいものがあれば自分が自分にご褒美を与えるべきです。世の中のすべてを手に入れても、そこに自分がなければ何も意味がありません。

　そして最後にとても大切なことを書き添えておきます。人間に、自然に、動物に、万物に感謝する気持ちで生きることです。

9．心や性格を直さないと、永遠にブスから抜け出すことはできない

　皆さんは、ブスという表現に、どんなイメージを持っていますか。まず、失礼な表現、ネガティブなイメージが多いです。最近は、ネガデブと言った表現もあります。ブスにブスと言っているのに何が悪い⁉ という考えの方も少なくないと思います。実際にいました。

　一方で、「産まれながら持っているものだから、仕方ないのに本人を責めるのは良くない」などと、優しさや礼儀の側面から相手を気遣っている人も、親もブスであることを決めつけているのかも (*^_^*)

　ブスとは、何か？　世間の基準に基づき、顔の秩序が整えられていない人なのか。しかし、顔の整備はお金をかければいくらでもできます。しかし、いくらお金をかけても治せないのは、人相もしくは印象です。

　東洋には、40歳の顔の表情は自分で責任を取らなければならないという哲学があります。つまりそれは、人間の顔は、生活しながら変わるということなのです。ある意味で、運命は変えられるのです！

　常にポジティブに考えて、積極的に生きている人は顔の表情も豊かに変わり、顔の筋肉や幸せジワが増え表情が豊かに変わるものです。それは、笑顔を見せると人相（印象）が美形に変わるということなのです。これについては、「幸せは訓練によって得られるもの」ということが、2001年アメリカの医学と心理学の研究者によって明らかになりました。一方、常にネガティブで否定的な言葉を考えていると、当然ながら顔からスマイルが消え、顔の筋肉も変な筋肉になるわけです。これは筋トレと同じ。顔に微笑みがないことはコミュニケーションを拒んでいるように見られ、人が話しかけにくい顔になります。

　実際に、Kim pittも何十年ぶりに同窓会で旧友に会って、驚きました。若い頃すごく可愛くてみんなのアイドルだった子が超変な顔になっていたのです。

彼女は確かに、私は美人だと鼻にかけていて、傲慢、生意気でした。シワができるからといって笑顔を見せず、何十年も生きてきたのです。その結果、笑ってはいるけど、笑いジワがなく怖い顔になってしまったのです。
　一方、あまり美系ではなかったせいか、男子からほとんど好かれておらず、でも性格だけは抜群で、明るく常に笑顔を見せていた子がいました。彼女は見違えるほど美人になっていました。つまり、顔そのものが輝いていたのです。
　これは、男性にも全く同じことが言えます。
　常に人の悪口ばかり言って生きてきた人間は、その人の顔の表情、口の周りの筋肉、そのものが歪んでいるというか、きつい顔でいくら化粧でごまかしてもブスは変わらないのです。心や性格を直さないと、永遠にブスから抜け出すことはできないということです。

10．皆さんは、援助交際、どう思いますか

　生徒指導・進路指導論の時間。講義テーマは、一教員として「生徒らの性教育」をどう行うべきなのか。そこで、生徒らの理解を深めるために、警察官となった教え子が担当した一例を紹介しました。彼が都内某高校の女子生徒を援助交際の疑いで保護し、説教をすると、「いつから国が私の体まで管理するようになったのか」「あんな楽しいことして金ももらうのに、何が悪いのか」と言われたらしいのです。
　この話について、君なら一教員として何ができるのかと受講者に聞いてみました。
学生A「二人の合意に基づいてやれば、別に問題ない。ただ、妊娠すると、倫理的に責任問題に発展する」
学生B:「いや、二人で話しあったなら、妊娠をするかどうかは関係ない。買春（売春）が罪でない国もあるし。男というのは、相手の女が若ければ若いほどいいと思います。先生も30代の女性より、20代、それより10代の女の子がいいですよね？」
と言われました。
Kim pitt「B君、それは違う。こんなおっさんが10代や20代の女の子に手をつけるのは、犯罪だよ。それに何でも若ければいいものじゃない！きみは、女性の深みやコクを知らないから、そんなことを言っているんだよ」
と反論すると、

学生B「そうですか、僕は、まだその深みがわからなくて…」
この話を聞いていたCさんが、
学生C「ところで先生は何歳にその深みを覚え、味わったんですか」
周りの学生は爆笑。（これはKim pittを困らせる作戦だと思う）でも、ここまでこんな話ができるのは、この大学の校風でしょう。
Kim pitt（多少顔が赤くなってきたが）「君、それは、昔のことだから正確に覚えてはないが、今のところ言えるのは、今も毎晩、その深みを感じてるんだよ」と返したら、教室の中にいた230人程度の学生は、しばらくの間笑いが止まりませんでした。その後、いろんな話がありましたが、一人の学生に聞かれました。
彼「先生は援助交際について、どう思うか」
Kim pitt「18歳以下の女の子とエッチする人は無期懲役」
とこたえたら、爆笑。
彼「先生、ひで～、一番やりたい時期じゃないんですか」
Kim pitt「違う、ここで言いたいのは、大人の男性のこと。金で女の子をしかも18歳以下を買う人のことだよ」
彼「なるほど、別に高校生同士ではいいということですか」
Kim pitt「それは、いいじゃん。確かに、江戸時代までは君らの年齢だと既に結婚し、子どももいるはず。それが近代学校制度の導入により、学歴社会となり、結婚も遅くなり、一番やりたい時期に性欲を抑えなければならないので、つらいんだね。でも現代の学校教育においては、何よりも子どもたちの心身の調和的発達を重視する必要はある」という締めくくりで講義の内容が非常に建設的になりました。

11．この地に住んでいる子どもたち、みんなが私たちの子どもです

　援助交際について事例を紹介し、学生らに意見を求めました。一人の女子学生から、
「先生、援助交際って、何が悪いですか。あんな楽しいことしてお金をもらうのに」
一瞬、驚きを隠せなかったけどすぐに、
Kim pitt「私が悪いと言った？　いつ？　悪いと一言も言ってないけど」
女子学生「そうですけど、私は悪くないと思うけど、世間的に悪いと言われて

いるので。では、先生はどう思いますか」
と言われ
Kim pitt「そうですね、私が、悪い、善い、と決めつける前に、君、将来的に大学卒業し、ご結婚は？」
女子学生「します。というかするつもりです」
Kim pitt「なら、お子さんは？」
女子学生「男の子、女の子1人ずつはほしいです」
Kim pitt「なら、わかりやすく話をするけど、君のその娘さんが高校生や大学生になって、お小遣い稼ぎのために援助交際をしたら、相手の知らないおっさんをどうする？」
女子学生「ぶっ殺します。そんな人」
Kim pitt「こたえは出たね。なぜ殺したいの？ 私が言いたいのは、君のその殺したい気持ちだよ」
しばらくの間沈黙が。
女子学生「先生、今の説明ものすごくわかりやすかった。ありがとうございます」
皆さん、この地に住んでいる子どもたち、みんなが私たちの子どもです。

12．人間よ、人間的であれ。
　　それがあなた方の第一の義務です

　ある大学の教職課程担当の教員を新規採用する面接時に、「今、大学生の不登校が深刻ですが、あなたは大学生が不登校になった場合、学校に連れ戻すためにどうしますか」と質問されたそうです。この話を聞いた瞬間、「バカじゃない。この程度の質問しかできない人間が教職課程の教員にいるのか」と思いました。大学の教授レベルでの、しかも、教職課程教員の採用面接で、全く次元の低い質問だと思いました。その質問に対する Kim pitt の考えは、「あなたのような人を首にすれば、不登校は減ると思います」です。

　大学生の不登校、実は Kim pitt にも経験があります。というのは Kim pitt が不登校だったわけではなく、ある不登校の大学生との出逢いがありました。

　8年前のことです。非常勤でお世話になっている都内の某大学。そこの教職課程で学んでいる平凡な男子学生がいました。彼とは仲が良いわけでもなかったけれど、いつも一人で寂しそうな感じだったので、なんとなく気になっていました。ある日彼の姿が見えなくなり、同じクラスの学生に聞いたら、「最近学

校で彼の姿が見られなくなった」と。早速、彼の携帯のメールアドレスを調べて、メールを送りました。しかし、全く返事はなし。もうすぐ、夏休みを迎えようとしていましたが、結局彼は講義に出てこなかったのです。噂によると仲間はずれが原因で不登校になったとか。再び、彼にメールを送りましたが、返事なし。

　ここから、Kim pitt の奮闘が始まりました。毎日彼の携帯にメールを送り続けました。最初は学校の生活や飲み会の話などの内容を送りました。次第に話題もなくなり、約3ヶ月を過ぎた頃からは、下品（場合によっては上品）かも知れませんが、メールの中身が「飯食った？」「今日何食べた？」「ウンチした？」「今朝、朝×ちできた？」などなど"しもる話"もしました。海外出張の際にもパソコンから送りました。

　約半年が過ぎた頃、彼から返事がありました。「先生、俺、元気です」だけ。でも嬉しかったです。それからもメールを送り続けました。返事はなし。しかし、彼の不登校から9ヶ月頃経ち、再びメールが送られてきました。
「先生、俺、学校に行く気になった。先生のメールですごく心が楽になった。今専門のカウンセラーに相談を受けているけど、先生のメールの方が楽しい」でした。なんだか嬉しくて涙が出てきました。それからは毎日返事がありました。

　不登校になってちょうど1年、彼は学校に来ました。Kim pitt の講義にも出てきました。嬉しかったです。しかし、後で調べたところ、履修登録を済ませたのは Kim pitt の講座だけでした。そして、半年後再び不登校になってしまいました。その後は学校に出てきたり、不登校になったりを繰り返しながら大学を卒業。卒業後は音信不通でした。その彼から、突然連絡がありました。Facebook の経由で、友だちのリクエストが送られてきたのです。

　生きていくのは、素晴らしいことです。教員を目指しているみなさん、ルソーのエミールの言葉をいつまでも心に刻んで欲しいです。
「人間よ、人間的であれ。それがあなたがたの第一の義務です」
教員らの心の中にこの言葉が生きていれば、不登校の児童・生徒・学生はいなくなると思います。

13．コロッケ2個だ

　ランチに何を食べようか、毎日迷う人は意外と多いです。学食のメニューも、決まっているし、食べるために生きているような感じだけど、それも悪くない。主婦の大きな悩みの一つが、毎日の夕飯の支度だと言われていることがなんと

なくわかります。

　さて、ランチの風景を見ていると、不思議にも 1 人でランチをとる人が少なくないです。皆さんは知っていますか？　ダイエットの最大の敵は 1 人で食べることです。全く栄養にならず、ほぼ 100％ がお腹周りの土台になるらしいです。（＾ω＾）。Kim pitt は、だいたい学生を誘って一緒に食べに行き、1 人では行きません。1 人の時は、バナナ 1 本か、黒豆、アーモンド、クルミなどの一握りの豆類で済ませています。

　なぜ？　理由は簡単です。それはダイエットのためではなく、夜のガソリン補充のためです（笑）。朝も、昼も、夜も栄養補充をすると、間違いなくおデブになるから。現代医学が定めたカロリーの 8 割だけいただき、カットした分は誰かのために使われることを願い、社会に還元しようとしています。

　学食で食べない時は、教員控え室で他の先生とおしゃべりをしながらいただきます。先日、豆類を食べていたら、仲良しの 60 代の女性の先生 (女子の年齢は定かでないため自信はないけれど。その先生、体育系でいつも明るく笑顔なので大好き。笑顔を見せるのは「あなたといつでもお話ができます」という意味なので) に、

女性の先生「先生、それで足りる？　でもね、アーモンドは体にいいみたいですよ、たくさん召し上がった方がいいわよ」

と顔も綺麗だから、お口から出てくる言葉も綺麗（＾ω＾）

Kim pitt「そうですか、ありがとうございます、でも、Kim pitt は、アーモンドは性格によいと聞いたので食べているのです。（その女性の先生のお隣にいた先生を見ながら）だから、○×先生は、毎日どんぶりで召し上がらないとならないんですよね」

というと、他の先生達はしばらく沈黙モード。でも、すぐに爆笑が。

なぜ○×先生なのか!!　それにはちょっとした理由があります。○×先生はその女性の先生とほぼ同年代。同じ体育系の先生でとても仲良くしてもらっています。それでも、最近かなり太り気味で、お腹の周りを気にしている Kim pitt に会うたびに、

お隣りの先生「先生、最近おデブになったじゃん!!　ズボンの腰まわり大丈夫？今までは若い青年という感じだったけど、最近は中年のおっさんになったね。ダイエットもうあきらめた!?」などなど、言いたい放題。と言いながらも、体育系の先生の基準なのか、

「もっと食べないとダメ」と言いながら、いつも、コロッケの差し入れをしてく

れるのです。「ダイエットの最大の敵、悪魔！」と思いながら、いつも美味しくいただいています。とにかく、その先生に言われるたびに、
Kim Pitt「先生は、悪いのは顔だけではなく、性格も悪いです」とお返しに言うと、
お隣りの先生「あっそう、なら次回からは、コロッケ２個だ⁉」という調子。
その先生に会うと、幸せな１日になります。

14．人間関係が上手くいくためには

　人間関係が上手くいくためには、どうすれば、良いのか？　難題です。なぜ、トラブルになるのか、なぜ、嫌になるのか…？　これは、心からではなく、頭からくる問題です。だから、「頭にきた！」となるわけです。だから、頭ではなく心からくる感情を発することです。そうなるためには、まず、怒りに満ちた感情をコントロールしなくてはいけません。怒りに満ちた心は、他人を傷つけやすいです。

　では、怒りに満ちた感情をコントロールするためには、どうすれは良いのか。それは、喜びへの訓練が必要です。つまり、如何なる場合でも、喜べる訓練が必要なのです。また、厳しい環境の中でも、他人のためにお祈りすること。これは宗教的な意味だけでなく、そうした姿勢でいることが大切です。

　また、寄付する喜びの心が必要です。これには物質的な面もあるけれど、心的な寄付を意味します。他人を助けること、他人の幸せのために尽くすことは、必ず、自分のところに戻ってきます。まさに仏教でいう「因果応報」。そして、他人のことを許せる寛容な心が必要です。そうなると、自分のことも許せるわけです。これは他人の目の中のほこりを見ながら、自分の目の中のとげは感じない「目不見睫」（他のことはよくわかっているのに、自分のことは知らない）の状態にならないためには、分別力を身につけなければなりません。さらには如何なる場合でも、心が慌てない訓練、気楽になれる心が必要です。これらができれば、かならず人間関係が上手くいきます。まず、小さいことから始めてみましょう？

15．あ、い、う、え、お、の力

　人間が口から発する言葉がいかに力を持っているのか、ご存知ですか？　言葉の持つ力とは想像以上にすごいものです。人間の言葉（舌）は、時には刃物や拳銃よりも強い殺傷力を持ち、時には生命を生かす力を持っています。教育でも、先生の一言によって子どもは輝きだすか、だめな人間になるか決まります。

　友人がレストランに行ったところ、従業員は他のお客さんからの注文は親切に受け、一方で自分が従業員を何度呼んでも返事がない。自分を無視する従業員の態度に気分が悪くなり、「このレストランには二度とこない」と、何も言わずにそのレストランから出てきたとのこと。しかしもしかすると、その従業員は友人からのお呼びにまったく気づいておらず、人の好き嫌いはあるかもしれないけれど、すべてのお客さんに対して差別せず、親切に接する人かもしれないのです。もし友人がその場で何か一言でも発していたなら、その従業員は本当は親切な人で、自分のことも無視していなかったことが判ったかもしれないのです。そうすれば、傷つくこともなく楽しく美味しく食事ができたはずです。

　皆さん、とにかく何かを言ってみましょう。黙っていると何も伝わらないですし、誤解や偏見が生まれる可能性があります。だから、人とコミュニケーションをとる際は、基本的にあ、い、う、え、お、のルールで。

あ→明るく
い→生き生きと
う→嬉しそうに
え→笑顔で
お→大きな声で
偏見は霧のように世の中の光を遮ってしまいます。
まずは、口から何かを発してみましょう。

16．講義中の私語

　残念ながら、ほとんどの大学で講義中の私語が当たり前となっています。それは大教室はむろん、小教室でも変わりません。必ずしも偏差値によるとはいえませんが、大学によって差はあります。私語の原因はすべて学生にあるわけではありません。教員側にもあります。まずは、学生のやる気や意欲が大きな原因ですが、一方で担当教員の講義のつまらなさも否定できません。

Kim pitt は、大人数を相手に講義をすることが多いため、常に悪戦苦闘しています。私語対策の一つとしてよく言うのは、
「君ら、うるさい。私語を交わすなら外に出て、お話を済ませてから戻ってくるか、寝なさい」
一回では全く効き目がありません。何回か言うと、出て行く人はいないが、しばらく経つと多くの学生が夢の国へ。そのおかげで少しは静粛になります。しばらく寝かせてから、机を叩きながら、
「起きろ」
と大声で彼らを起こします。すると、彼（女）らの反応は
「だって先生が寝ていいと言ったじゃないですか!!」
そこで、彼（女）らにいいます。
「そう、確かにそう言ったけど、人が真剣にしゃべってるのに、寝ている人を見てるとムカつくの」と返します。
すると、彼（女）らは Kim pitt のことを変な目で見ます。「変なのは君らだよ」と思いながら、Kim pitt も彼（女）らを見ます。こんな風に毎回、何らかの形でコミュニケーションを取りながら、楽しく講義をしています。

17．おデブ嫌いへのギャグ

　最近、かなり太り気味で、自分でもやばいと思っています。なんとか痩せなくてはと、ダイエットしたところその甲斐があり、少しは体重が落ちました。にも関わらず、学生、ことに女の子から、
「先生、最近お腹がベルトの上に乗っかってます」と言われ、大変な毎日を過ごしてます。これは、いつも「おデブ嫌い」と言っている Kim pitt への逆襲なのか？
　先日、再び彼女らから逆襲がありました。実は、このところ体調が良くなかったのですが、ようやく調子を取り戻したところでした。そのことを心配してくれた学生から、
「先生ご体調は大丈夫ですか」と聞かれ、
「お蔭で良くなったけど、今度は歯痛であんまり食べられないから大変だよ」
と言ったら女子学生から、
「先生、それは最近おデブになったから、痩せなさいという神様からの罰です。」
と言われました。
「ほら君、今の発言でマイナス 30 点」

と言いました。
むろん、これらは互いに愛情表現の一つだとわかった上での発言です。

18．先生に自分の顔を覚えさせること

　普段は昼食を取りませんが、200人規模の3クラスをこなす水曜日は、食べる日が多いです。教員専用の食堂ではなく、学生専用の学食で昼食を取るのも、なかなか楽しいものです。しかし、メニューを見ながら選ぶことになれていないので、いつも、何を食べるか決めるのに苦しんでます。
　展示されたメニューを見ながら、仕方なく隣にいた学生に、
「君、オススメは？」
と聞くと、
「先生、教えてあげるから単位ください」
と言われました。ちなみに、今日がテスト日。
「君、今のその発言で、マイナス30点」
と言ったら、
彼「もし、僕のおすすめのものが美味しかったら、プラス30点ですね（＾＿＾）」
Kim pitt「はっ、まあ、悪くないね。君、僕の舌のために祈って」
と言うと、彼、ニヤニヤ笑ってます。
Kim pitt「君、何を考えてるんだ、舌だよ (*^^*)」
彼「はい、わかってます。僕、3年の○×です」
Kim pitt「下の名前は、○○だね」
彼「僕の名前覚えてるんですか」
Kim pitt「もちろんだよ」
無表情な学生より、何らかの形でコミュニケーションを取ろうとする学生はなかなか感じが良く可愛いです。
　とにかく、彼の言われるまま唐揚丼を注文しましたが、ボリュームたっぷり。でも、完食しました。味も悪くなかったです。唐揚げが6個もありました。本当は揚げ物は好きじゃないのですが…。食べながら隣に座っていた女子学生を見ると、超特盛りの焼きそばを食べていました。思わず、「うわ〜」、と声が出ました。
彼女「なんですか!!」
Kim pitt「そんなに食べるの!!」と聞きたかったけれど、それを飲み込み「美味

しそうに見えたので（^_^)」
　昔、ハーバード大学で、常にオールAを取っている学生に良い成績をおさめるコツについてのアンケートを行いましたが、その結果は「先生に自分の顔を覚えさせること」でした。意外な結果が出ましたが、納得。皆さんは、先生とまたは学生とコミュニケーションをどれだけ取ってますか？

19．ここは僕の席です

　街の中にある公衆トイレで現役の学生らに会うことがあります。そんなときは会釈程度ならよいのですが、その"最中"に、「こんにちは」と挨拶されるとなんとなく恥ずかしいです！　だから、これを読まれる方、トイレでは無視してください。挨拶しなかったからマイナス20点はないから (^▽^;)。さらに恥ずかしいのは、サウナや温泉で裸になり、自分だけの世界を満喫しているのに、学生さんに挨拶されること。
　本題に入ります。以前、駅のトイレで用を足している時に、後ろから中学生か高校生程度の、若い男の子から、
「ここ僕の場所だから、どいてください」
と言われ、右側を見たら、ガラガラに空いていたので、
「他空いてるじゃない！」
と言ったら、
「僕はここじゃないとダメなんです、もう我慢できません」
と言われ、後ろを見たら、すぐにでも出してしまいそうな雰囲気。一瞬不思議に思いましたが、教育の専門家としての経験や知識から、自閉症の子だと判断しました。まだ用が済んでない状態ではありましたが、
「ごめん、知らなかった。ここ、きみの席だったのか」
と言い、そのままの状態で隣の容器に移動し、用を済ませました。皆さんは、似たような経験していませんか!?

20．他者とコミュニケーションを取るためには

　国際的にも注目されてる人間の基礎能力、つまりコンピテンシーに関する話をします。2004年、文部科学省により、4つの能力として「人間関係形成能力」、「将来設計能力」、「情報活用能力」、「意思決定能力」が定まりました。講義中そ

の話を進めながら、話は横道に逸れ、好きな色と人間性についての雑談になりました。赤が好きな人間は？　青が好きな人間は？　紫が好きな人間は？　ピンクが好きな人間は？　などなど。もちろん、Kim pittの妄想での話でしたが、皆さん興味津々。なかでも、「黄色が好きな人間は性格が歪んでる人が多いです。いわゆる性格ブス、つまり嫌われ者が多い（これはあくまでもただのおふざけ）」と話してる時、前に座り、笑いながら、楽しく聞いてる男の子がいました。わざわざその子を指しながら、
Kim pitt「きみ、間違いなく、黄色好きだね」
と言いました。教室の中大爆笑。
彼「せんせー、ヒデー、ひどい」
の連発。むろんKim pittが彼のことをそう思ってないことを、本人もわかってるから、そう言えたのです。むろん、そこで話が終わるわけはなく、
Kim pitt「そうだよ、僕のことひどい人だと今気づいた？」
と彼に返したら、
彼「はい、勉強になりました」
Kim pitt「いい勉強になったね！」
それからようやく、本題に戻りました。

　他者とコミュニケーションを取るということは、何を意味しているのか！そのコミュニケーション能力こそ、「人間関係形成能力」の育成につながるのではないかと思ってます。

21．先生、三段腹になるよ

　不登校の原因の一つは生徒の対人関係、ことに教員との関係が上手くいかず、不登校になる場合が多い。最近は人間関係が上手くいかず大学生の不登校も増えてきた──という話を講義でしました。

　講義の後、講義を受けていた女の子が近くに来ました。どうやら、私に話があるとのこと。以下が会話の内容です。
女子学生「先生、私、来週から、暫くの間、入院しなければならないので、この場合、出席はどうなりますか」
Kim pitt「どうした？　体調が悪い？」
女子学生「それが、先生のことが嫌いで、心身とも状態がよくないのです」
Kim pitt「そうか、やはり」

女子学生「何ですか」
Kim pitt「きみが僕のこと嫌いなことは、最初から気づいていた」
女子学生「なんで？」
Kim pitt「それはね、僕も君の顔をみるとムカつくから」
周りで2人の話を聞いていた学生さんたちは爆笑。本当は彼女とは、いろんな会話ができる仲良し。とはいっても、いろんなことを一方的に言われます。Kim pittが少し太ると、「先生三段腹になるよ。いや、なったよ」と言って困らせる。
Kim pitt「今、大切なことは君の体調だからね。まずは、病気を治すこと。気にしないで、治療に専念しなさい。退院したら、診断書、コピーでも良いから持ってきなさい」
と言い、教室を後にしました。一日も早く体調が戻るように祈りました。

22．異なるファッション感覚から
　　 コミュニケーション

　朝早い時間に、それなりの若者ファッションで教会の中に入ると、既に来ていた顔見知りの中年のレディーが、（早朝だけに、お歳を召された方が多い）すごく嬉しそうに、元気だった？　と挨拶して下さいました。しばらくその方と話をしていましたが、別のおばあさんが後ろから近寄ってきて、Kim pittのTシャツの後ろを手で引っ張りながら、「曲がってるわよ」と、わざと曲げてたシャツを直したのです。その方の目にはKim pittの"おしゃれ"が服装の乱れに見えたのかも。でも、これはファッションですと言えず、「ありがとうございます。こっちの方がいいですね。」とお礼を言いました。
　その時に思い出したのが、昔、知り合いの子のつけまつ毛が片方だけはずれて眉毛の上についていたことがあり、それを言えず、面白い子だなと思ってたところ、そこに第三者が現れ、それを指摘しました。
彼女「先生もさっきから知ってたんですね。何で教えてくれなかったんですか」
Kim pitt「僕は、あくまでもそれは最近のファッションだと思ってたからだよ」
周りの人は爆笑。自分の感覚の鈍さに気づきました。
　やはり、自分中心の判断や親切は、他者にはありがた迷惑になることもあり、場合によっては、不快感を与えます。そんな自分中心の親切ではなく、いわゆる、他者への、お・も・て・な・しというか、"思いやり"とは何かについて考えてみましょう。

23．君、アインシュタインの妹さんなのかよ

　教育の思想について述べる際に欠かせないのがソクラテスとプラトンです。ソクラテスとプラトンの出逢いがあったからこそ、人間に哲学という偉大なプレゼントが与えられたのです。

　哲学と教育という視点から見ると、彼らが求めていたのは人間の「善さ」です。講義中、人間の「善さ」について説明し始めると、なかなか話が先に進まないことがあります。まず、「善さ」とは何か、その定義が必要なことから、頭のリラックスも兼ねて、「君の長所は何か？」と1人の学生に聞きました。
彼「誠実だし、優しいことです」
Kim pitt「君、キリストの弟さんみたいね。しかも、それが長所と言えるのだろうか。それは君の性格じゃない」
他の女子生徒に聞くと、同じことを言っている。優しいこと。
Kim pitt「そうか、なら、世の中に優しくない人は1人もおらん」
彼女から、「ヒデー」と言われました。

　では、話題を変えて、「地球は時速何キロで自転しているのか？」いろんな意見が出ましたが、正解者はいません。仕方なく、話を進めました。
Kim pitt「時速1666.66キロです。でもなんでめまいがしないのか？　遊園地に行き、コーヒーカップに乗り、少し回っただけでもめまいが酷いのに」
前に座っていた女子生徒「それは重力で、、、」
Kim pitt「君、アインシュタインの妹さんなのかよ。違うの、おデブさんが地球のいたるところにいて、地球のバランスが取れているからだよ。だから、皆さん、おデブさんに感謝しなければならない」
Kim pitt「ここで質問。つまり地球に貢献していることは、おデブさんの長所？　それともなんでしょうか」
笑いが止まらなく、意見は出てきません。
Kim pitt「こたえは、ただの冗談だよ」

　ちなみに、地球の重力について、初めて考察したのはアリストテレスです。だから、彼は哲学者というより科学者ですね。

24．幸せな講義のひとコマ

　2年生がメインの講義でも、3、4年生の参加も少なくないです。なかには、熱狂的な Kim pitt ファンもいます。しかし、4年生になると、みなさん「S」になるのか、Kim pitt がシモる話（下ネタ）を言うのは好きだけど、言われることには弱いことを知ってる女子生徒達が中心になり、Kim pitt を困らせ、顔が赤くなることを楽しんでいます。それ故に、彼女達の遊び心をくすぐるのも、私の大きな仕事です。

　今日も、始まりはいつものように、ラブコールの「みなさん、幸せですか」から始まりました。すると、女子生徒から、
「先生のチューがないから、幸せじゃない」と言われました。皆さん、爆笑。少しビビったけど、ここで次の言葉を発するまでに3秒以上かかるとマケ(*^_^*)。
Kim pitt「いやだ、君とはチューしない。というか、したくない。僕だって選ぶ権利はあるからね」
と反撃（ ˆω ˆ）。予想外の Kim pitt の反撃に、彼女は一瞬顔が真っ赤になったけど、自分の顔を指で差しながら、
彼女「先生、ひどい。こんなに可愛いのに、、、チューしてくれない!!」
Kim pitt「君、今の君の発言、日本語でなんていうのか知ってる？　それを日本語で、思い込みと言うんだよ。」
周りは大爆笑。話はその辺で打ち止めに。ちなみに、彼女にこれを読まれる恐れがあるので言っておきますが、彼女は結構可愛い子です。念のため！
　さて、再び彼女らからどんな逆襲があるのか、少し怖いけれど、楽しみにしています。しかし、1年生入学当時の清純さはどこにいったのか。4年生になると、なぜ、あんなに図々しくなるのか!!　とはいえ、幸せな講義のひとコマでした。

25．笑顔でピンク色の服を着ること

　若者との会話は、やはり恋愛や異性に関するトピックが主です。今日も、育むべきコンピテンシーの中から「人間関係形成能力」について話しているうちに、ある男の子から自分はそれが苦手という発言でコーヒーブレイクに突入。そんな彼に、
Kim pitt「君は間違いなく、彼女いないね！　しかも、彼女いない歴21年だね」

彼「せんせー、失礼です (*^_^*)。しかも、僕、まだ20歳だし」
Kim pitt「そうか、それなら間違いなく後1年は彼女はできないね。君は女に嫌われるタイプだから」
彼「なんで、どうして!!」
Kim pitt「それは、君は自己中だから。つまり性格がおブス。女の子は明るくてユーモアのある男性が好きなの！ モンローさんも言ってるじゃない。ユーモアのない男とつき合うのはジャガイモを生で食べることと同じ」
彼「モンローさんってだれですか」
Kim pitt「だから、ダメなの。モンローさんも知らない人と女のことについて話したくない。それに○△くん格好いいけど、そのイケメンさが全く活かされてないし、おまけに服装は地味でおっさんファッション。彼女が欲しいなら、まず、笑顔でピンク色の服を着ること」
周りの子たち大笑い。
　その中から、1人の女性が「そうだよ、お前地味。明日から、ピンクになるんだよ」
　話は、そこで終わったけれど、最近、度重なるKim pittの小言のせいなのか、学生らのコミュニケーション力は急成長。なんだか、嬉しくなりました。

26．言語力の威力

　コミュニケーション力には、身振り手振りのジェスチャー、顔の表情など、非言語コミュニケーションも含まれます。時には、言語によるコミュニケーションではなく、非言語コミュニケーションの方が、人間の心を豊かにすることもあります。笑顔などが、まさにそれです。では、言語力とは何か？
　最近の児童・生徒・学生に授業や講義中、意見を求めても、なにも言わずに借りてきた猫のように沈黙を守っていることが少なくないです。なぜなのか!?小学校の児童はまだ良い方で、大学生になると一言も意見を言わない学生が多いです。本当に疲れます。「単に表現力と思考力が欠けてるだけなのか!!」と片づけてしまってはいけない気がします。発言をするだけで良いというわけでないけれど、まずは、発言をしてほしいです。あんなに元気モリモリで私語を交わすことができるんですから。むろん、発言や意見する際には、言葉の中のキーワードを意識することが大切です。それこそ、言語力と言えます。こうしたコミュニケーション力を高めるために、「教師力」も求められています。

27．先生自らがリラックスすることが大切

「Kim pittは、視力が弱く、皆さんのことがよく見えないから、こっちから近づくことにします」と言いながら、できるだけ、学生らに接近します。むろん、言葉で（笑）。

言語力とは、文法に応じた文章の読み書きや、論理的な話し方をする能力と定義されていました。しかし、言語力の定義も、変わってきています。文法の知識を知っていることで、言語能力が優れていると言えないのです。

Kim pittは、言語力とは、シチュエーションや相手に応じて適切な語彙(ごい)を用い、使い分ける能力だと思います。そして、自分の意志と心をよく表現する能力こそが、言語力、言葉力なのです。つまり、言語力とはある問題や課題に、自分の意見で他人とコミュニケーションができる思考力と表現力を含む総体的な能力を指します。

言語力がいかに大切であるかは、すでに、歴史の中で実証されてきました。高い言語力によって展開されたケネディ大統領の名演説は今でも私たちの心に生きているし、TV討論で相手候補に鋭いワンパンチを与えた米国のオバマ大統領のスピーチが、その良い例です。このように、現代社会のリーダーとなる人は、権力や知識のある人ではなく、他人とのコミュニケーションを通して、自分の意見をよく表現し、共感を得ることのできる人なのです。そして、そうした人が、言語力の威力を最大限に発揮できるのです。

では、こうした言語力をどうすれば、学校教育の中で育むことができるのか。それは、リラックスできる学校環境、授業の環境づくりにあります。そのためには、先生自らがリラックスすることが大切です。

28．1人で生きていけるものなのか

ある人が街の中にある熱帯魚屋さんに立ち寄ったところ、熱帯魚があまりにも綺麗だったので、自ら熱帯魚を育ててみようと思い、ご主人に「一匹おいくらなのか」と尋ねました。するとあまりにも高く、一匹だけ買いたいというと、「お客さん、熱帯魚は群れで生活しているので一匹だけでは生きていけないと思います」と言われたそうです。しかし、その人は商売のための作戦だと思い込み、「心を尽くして育てれば、必ず、長生きできる」と、一匹だけ購入して一生懸命に育て始めました。その結果、果たしてどうなったのか！ お店のご主人の言葉

通り、その後、熱帯魚はすぐに死んでしまいました。生物学者らによると、熱帯魚は群れで生活しているため、一匹になるといつ敵の攻撃を受けるか分からないという不安からストレスが溜まり、死んでしまうそうです。つまり、その人は自分の心ばかりを優先し、他者（熱帯魚）の心はわかろうとしていなかったのです。

　果たして、私たち、人間はどうでしょうか。1人で生きていけるものなのでしょうか？　答えはノーです。人が生きるためには、他人の協力、協力関係は肝要です。喧嘩やその他いろんな理由で関係が悪くなってしまった友人に、今、これを読み終えたら、すぐに連絡を取ってみませんか？　さりげなくSNSなどで友人リクエストを申請してみるのも、ひとつの方法です。

29．宝くじの6億円に当たるよりも確率がかなり低い

　Kim pittは、講義のはじめに、「みなさん、幸せですか」から始めます。すると、多くの学生が「変な人」という目つきでKim pittのことを見ます。教室の中は、どんなに大人数であっても一瞬、静まり返ります。場合によっては、教室の中は爆笑。しばらく笑いが止まりません。この「幸せですか」の挨拶は、「幸せマジック」の効果があり、講義がスタートしてから4、5週が過ぎると、大学のいたるところで「幸せですか」の挨拶が広がります。Kim pittの講義を受けてない学生さんも、面白がっているのか、Kim pittに会うとそれがキャンパスでも、スクールバスや電車の中でも「センセー、幸せですか」と言ってきます。
Kim pitt「幸せだよ、きみは？」
彼（彼女）「とてもハッピーです」
と返事がきます。
　講義では、この「幸せですか」の挨拶の後、Kim pittなりの幸せ論を語ります。人間の幸福を決めるのは、出逢いによると言われています。人間の出逢いについて、学生の皆さんに
「皆さんとKim pittの出逢い、これは73億分の1です。宝くじ6億円に当たるよりも確率がかなり低い、これこそ宿命です。だから、半年間だけと思わず、末永く良い関係を保ちましょう」
と言います。

30．コミュニケーションを目指す

　自分が幸せでないと思う人、Kim pitt のことをブラピに似てると思わない人、講義は 15 回あるけれど、最後まで Kim pitt に顔と名前を覚えられない人、出席のために講義に参加する人（出席はするけど、内職をする人）、一度でも替え玉出席する人、15 回すべて欠席する人、などなど、理由をあげながら、
Kim pitt「以上の人は今学期単位なし」
と言ったら、ある男の子が出て行こうとします。
Kim pitt「きみどうした？」と聞くと
彼「俺、幸せじゃないから、単位もらえないから教室から出ます」
はぁ？　と思ったけれど、
Kim pitt「君、今自分が幸せじゃないとここから出て行くことと、俺は幸せだと考えを変えることと、どっちが簡単？」
というと、
彼「先生やはり俺幸せになります」
といい教室に残りました。
ここで、「好きにしなさい、勝手にすれば」と言ってしまったら、教育ではないのです。自分のことを幸せだと思わせることと、コミュニケーションが教育の基本です。

31．コミュニケーションと父親の役割

　家庭の中における父親の役割について考えてみようと思います。家庭の中における父親の役割は非常に大きいです。父親と子どもとの関係は、母親と全く異なります。ドイツの社会心理学者であり、精神分析者であるエーリッヒフロム（1900 − 1980）は、「母親は子どもにとって家であり、自然であり、大地であり、大洋である」と言ってます。だから、父親の重要性は母親との関係とは比べ物にならないほど小さいものです。しかし、彼は父親は社会における法律であり、秩序であり、規律であると言ってます。だから、父親役割は子どもが社会を知る上では欠かせない存在です。皆さんは、父親の肩車に乗せられたことがありますか？　子どもは肩車にのせられると世の中に自信を持つようになると言われています。例えば、お父さんの身長が 170cm で、子どもの座高が 30cm だとすると、子どもの視点は約 2m になります。高いところから世の中

を見ると、世界は別世界にみえることが研究の結果が明らかになりました。ここで大切なことは、２ｍという心細い高さに身を置く中で、父親が安心感を与えるのとともに、非常に信頼のおける存在となり、そんな父親のいる世の中とは生きてみる価値のあるところという意識が芽生えるらしいのです。

　それだけ幼少期の父親の存在は子どもの心的、精神的成長に、欠かせないものです。むろん、アメリカのオバマ大統領のように父親がいなくても立派に育った人もいます。また、親子関係に思い出が多いと、年老いてからも寂しくならないと言われています。

32．そういう考えもあるんだね

　人間の心をより豊かにするものは、何だと思いますか？　無駄なおしゃべりや口の数だけ多いのは、心からのコミュニケーションとは言えません。しかし、特に女性によく見られるのが、ストレス解消のために、全くトピックのないおしゃべりをしていても、不思議なことに立派にコミュニケーションが取れていることです。だから、もしかしたら、男性を幸せにするのはおしゃべりな女性かもしれません。

　でも、周りを見ると、コミュニケーション力が高い人は口ではなく耳が生きています。つまり聞く能力がある人です。傾聴、つまり耳を傾けることがコミュニケーションの基本といえます。

　今、文部科学省が学校教育において特に力を入れて育んでほしいもののひとつにコミュニケーション力を掲げています。しかし、残念ながら教育をしなければならない学校の先生こそ、コミュニケーション力が非常に乏しい人が多いのが現実です。

　人と上手くコミュニケーションを取るためには、「ありがとう」、「ごめんね」、「そういう考えもあるんだね」この３つがキーワードだと考えています。人の話に耳を傾けず口でしか生きてない人は、常にコミュニケーションが Yes, But ではなく、No、because でコミュニケーションを取ります。そういう人はぜひ、首を縦に振る練習をすべきです。

　さらに言語によるコミュニケーションを上手く取るために大切なしぐさは、非言語コミュニケーションです。非言語コミュニケーションの代表的なものには、聞く姿（首を縦に振る姿勢）、ジェスチャー、目つき、ハイタッチなどがあげられます。これをするだけでも相手との距離はぐっと近づきます。Kim pitt

の経験から例をあげると、講義の前に、「幸せな人はこの手にハイタッチして」と軽く教室の中を回ると、かなり雰囲気が改善されることがわかります。芸能人のファンミーティングでハイタッチをする理由もここにあるのではないか、と思います。

　とにかく、上手くコミュニケーションを取るためには、人との壁をなくすことです。なぜ、コミュニケーションを取る必要があるのか。それは人として成長するためです。成長することは私たち人間に喜びを与えてくれます。つまり、人間の成長が止まるのは死ぬときです。成長しなくなると私たちの人生は、終わります。だからコミュニケーションは必要なのです。

33．ボールを投げてくる人は無視すること！

　この社会であなたのことを好きな人は何人いると思いますか？　一方、あなたのことが嫌いな人は何人いると思いますか？　世の中に自分のことを好きな人は何人いるのか？　嫌いな人は何人いるのか？　いくら有名な芸能人であっても、日本に住んでいるすべての人に知られているわけはないし、知っていたとしても、中には必ずアンチはいます。人間関係とはなかなか上手くいかないものです。

　できるだけ善き人間関係を保つためにはどうすれば良いのか？　まず、考えられるのは人とのコミュニケーションです。しかし、人とのコミュニケーションやつき合いは、そんなに簡単なものではありません。自分では、相手のためになると尽くしたつもりでも、一方の相手にしてみれば、その態度や行動を変にとることもあります。

「自分は純粋な心で相手に接している。これだけ尽くしてあげたのになぜ！」と思うこともあるでしょう。

　Kim pitt も優しくしてあげたのに変に誤解されて、喧嘩を売られたことがあります。嫌な人ですね。そんなとき、多くのケースが喧嘩となり、お互いに勝とうとします。単純に考えるとその人は、ただ、Kim pitt のことが気に入らないだけです。あるいは、単なるジェラシーです。

　人生はストライクだけではないです。ボールもあります。有能な打者はストライクだけを打ちます。ボール球は無視しないと名打者になれません。

「3割打てば名打者」

　人との絆やコミュニケーション力の向上のために誕生したSNS上での自分に

対する悪評、悪質なレスやコメントに一つ一つ対応する必要はありません。人に対する悪評を書くだけ書いて、言うだけ言って、その人はもう忘れてるかも知れません。そういう書き手に何を言っても無駄です。

コミュニケーションが上手い人は、人と対話するとき、目をキラキラさせながら耳をしっかり傾け、首を上下してうなずきながら対話をします。そして、片方の話だけ聞いて判断するようなことはしません。

これまでの経験から言えるのは、学校の先生の中にコミュニケーションが下手な人が多いということ。日本の青少年の死亡原因の1位は自殺です。学校は何をしているのか！　教師は何をしているのか！　「助けて」という子どもらの叫びを、なぜ教師は、教育機関は聞けないのか！　みんなで考えましょう。

34．幸せは心ではなく体にある

一般的に幸せは心の中にあるという。確かに、心にあるけれど、その幸せを表すのは体です。豊かな心を持ち、幸せになるためには、人間力の向上や生きる力の育成が大切です。生きる力の育成にもっとも必要なものとして、文部科学省では健やかな体づくりを強調しています。要するに、幸福は体を作ることから始まるのです。

一方、不幸とは、強制的に強いられること。いやなことをやるとき、まず、体が反応して不幸になります。

人間の体は、炭水化物、たんぱく質、脂肪でできています。では、心は何でできているのでしょう。人間の心は、「自由」、「有能」、「関係」でできています。この3つは、心を豊かにするために、必要なものです。では、自由とは何か？　魂を生かせるものです。だから、人間は何かを強制的にやらされると魂が病みます。つまり何かをやるときは自由意志に任せることが大事です。そして幸せを感じるようになります。

では、有能とは何か？　劣等感を味わうときに人間は散ります。耐えろ、我慢しろと言われ、すぐにできるか、できないで、判断します。できるか、できないかの判断は上の立場から自分の基準で決めることです。だから、できる、できないと表現するより、する、しない、または、上手くいく、上手くいかない、の表現の方がいいと思います。

学生に「今まで先生に言われて、嫌な気分になった言葉は？」と聞くと、「やる気あるの？」だそうです。「だから、好かれる先生の一位がスラムダンクの安

西先生で、もっとも嫌な先生が金八先生と言われたりするのもわかります。」
（P59の14参照）

　そして、人間の心を豊かにするために忘れてはならないのが、言うまでもなく良い人間関係を作るための「人間関係形成能力」です。むろん、人間関係を上手く形成するためには、まずはいかに自分とのコミュニケーションを上手く取れるかにかかっています。

35．幸せになりたいなら、
　　幸せな人と一緒にいればいい

　2010年出版された「connected」（By Nicholas Christakis, James W. fowler）において、ハーバード大学医学部の先生、ニコラスらの研究によると、幸せな人の友だちは15％幸福が増加、その友だちは10％、その友だちの友だちは6％幸せがアップすることがわかっています。
　私が幸せなら私の友人も幸せになります。幸せな人の隣にいると、幸せになる。つまり、幸せは感染、伝染するのです。だから、幸せになりたいなら、幸せな人と一緒にいればいい。不幸になりたいなら不幸な人と一緒にいれば、不幸になります。
　人間は汗を流すときに幸せになると言われています。では、人間が汗を流すのはどんなときですか？　散歩、スポーツ、おしゃべり、遊び、踊り、食事、旅…。中でも最高に幸福を感じるのは旅なのではないでしょうか。これらの中でも、旅はおしゃべり、踊り、遊び、買い物、食事などを一気に体験できる幸せ作りの総合的なプレゼントと言えます。

36．君らみんなＭかよ

　ある日、かなり怒って、学生たちに言いました。
Kim pitt「僕は君らのせいで、髪が真っ白になってる。いま染めてるからこうだけど、君らのせいで毎日白髪が増えてるの」
すると、ある学生。
「先生、いいよ、僕らがお詫びの意味で100円ずつカンパしてあげるから、それで髪染めれば」
Kim pitt「はっ、君、そんな問題じゃないし、100円ずつじゃ足らない。僕の髪

染めはそんなに安くないの。高いの。結構いい美容院にいってるの」
学生「なら300円ずつカンパしてあげるから、いいでしょ!!」
Kim pitt「嬉しい、けど、そんなお金いらないから、それより静かにしてくれればいいだけのこと」
いつも不思議に感じるのは、Kim pitt が真剣に怒ったり、怒鳴ってるのに、学生らは笑っていること。
　今日も、真剣に怒っているのに、笑っています。しかも、大きな声で。
Kim pitt「なんだ、君らみんなMかよ。怒られるのが、そんなに、楽しいのか」
すると、
学生たち「先生の怒り方面白い」「先生、怒ると血圧上がるから、体にも悪い」「先生怒り顔似合わない」
と返されます。ここまで言われると、彼らに返す言葉がないどころか、なぜか笑っている自分がそこにいます。
　久々にすごい対話力を持つ学生に出逢えて今日は白髪の代わりに、笑いジワが増えました。これからは、怒鳴りも工夫しなくては！

37．景観破壊になるからやめて欲しいんだけど

　夏期集中講座の受講生の中に、ユニークで、かつ講義中にしゃべりたい放題の3年生の女子学生がいました。とても夏らしいファッションで、超ミニ短パンに、胸元だけを隠したかのような、ビキニレベル。
　教室の中はクーラーをつけていましたが、全く効かず、
Kim pitt「皆さん、暑くない？　Kim pitt は暑くて耐えられないけど」
彼女「センセー、ご覧の通り、あたしはこの服装だから (^_^) 大丈夫」
Kim pitt「確かに、そうだね。でも君みたいに可愛くてスタイルの良い女性なら、そんなファッションでも許せるけど、いるでしょ〜、おなかのまわりがぜい肉でぷよょんぷよょんしている人が男女問わず、昼間に外を歩くと景観破壊になるからやめて欲しいんだけど。おデブで薄着の人は夜十時までは外出禁止令を設けるべきだと思う」
教室内は爆笑。そこで彼女が言ってきました。
彼女「センセーひどい。おデブだって綺麗に見せるために、好きなファッションする権利あるよ!?」
Kim pitt「そうだけど、君、それを正しい日本語で表現するなら、権利でもなく、

ファッションでもない。ただ意地を張るだけと言うんだよ。そんなに綺麗に見せたいなら、まず、痩せればいいじゃない!?」
彼女「確かにそうです」
　これだけでは終わらず、本題の学習内容に関する質問を彼女にすると、
彼女「わかりません」
Kim pitt「君、3年生だから、これは習ったはずだけど。間違いなく、そのときに寝てたか、お友達とおしゃべりしてたか、スマホいじってたか、どれかだね！」
彼女「それはどれもしてないけど、ただ忘れただけ (^○^)」
Kim pitt「はっ、ならその知識があった場所、今空いてるの？」
彼女「ネイルのことやファッションのことで埋まってます」
とにかく、Kim pittからの如何なる質問にも、次から次へ返事が返ってきました。
　休憩時間に、彼女がこの大学に推薦で入学できた経緯について、語り始めました。高3の時に、金髪でスカートの丈が短く、
高校の先生からは、
「金髪は黒く染め直さないと。スカートの丈は長くしないと推薦してあげない」
と、何度も言われたらしく、それがうるさくて、我慢できなくなり、彼女は
「推薦入学断るから、ほっとけよ」
と言ったのだとか。すると逆に先生がビビり、
「そんなこと言わないで、金髪でもいいし、スカートの丈はどうでもいいから、休まず学校だけはちゃんと来なさい」
と言われ推薦入学ができたらしいのです。
推薦入学が決まった後に、彼女はその先生に「私の勝ちです」と言ったのだそうです。
この子は間違いなく伸びると感じたとともに、いろいろと考えさせられました。

38．1億3000万人、すべてが好きなわけないです

　あなたは、何を質問されたときに困りますか？　Kim pittもいろんな経験をしているけれど、されて困る質問の一つが、「日本人は好きですか？」です。困るというか、その人のレベルを疑ってしまいます。
　若者なら、冗談で
「君、以外はね」
と言えば、すぐに

「ヒデー」
が返ってきます。
「何、嫌なのか！ 君以外は嫌いということなのに」
と冗談で返します。
　中には、社会的にそれなりの地位にいる大学の先生も同じ質問をしてきます。即答です。
「どんな日本人ですか。誰のことですか。あなたみたいな人もいるし、何とかさんみたいな人もいるし、1億3000万人、すべてが好きなわけないです」
その後、半分冗談、半分本心で、
「あなたみたいにムカつく日本人もいるし、大好きで心底から尊敬できる方もいらっしゃるし、イエス様も、ひいきしてたし (*^_^*)」
と言います。さらに、最も愚問は、
「どっちが好きか」
です。よく、子どもたちにする質問の中に、
「ママが好き？　パパが好き？」
本当にバカな質問だと思います。パパがいるからママが存在するし、私（その子ども）が存在するわけです。
「春が好き？　秋が好き？」
春があるから、秋の存在が評価されるわけだし、
「ジャングルが好きか、砂漠が好きか？」
ジャングルがあるから、砂漠の存在感があるわけです。
　心理学者らは、このような質問を人間の心理判断ができる商売道具として悪用しているように思います。存在する全てに意味があり、両面性を持っていることで、存在の価値が高くなるわけです。
　教育においてもよくない方法は○×教育です。しかし、何故か、現今の日本の教育は○×の方向に進んでるような気がします。自らが選択できる環境を、もっと与えるべきではないでしょうか。

39．他者を思いやることは難しいことではない

　地下鉄のホームの中で、特に大江戸線は地下までの深度が深いことで悪名高いです。大江戸線で、地上からホームまで最も深いのは六本木駅。42.3mあり、平均の深さは地下5階と言わていれます。こうなると、いくらダイエットといっ

ても階段を利用することは辛い。だから、エレベーターかエスカレーターを利用します。

　ちなみに、Kim pitt の最寄りの駅のホームは地下6階。地下1階が改札口です。帰り道に改札口行きエスカレーターに乗り、「閉じる」ボタンを押した瞬間(ちなみに一人しかいなかった)、ご老人の方が駆け込んで来ました。急いで「開く」ボタンを押しました。ご老人がお乗りになり、再び「閉じる」ボタンを押したら、いきなり大きな声で、
「ダメよ、なんで6人乗りに2人しか乗ってないのに押すのよ。しばらく他の人を待つんだ。最近の若者は、電気の無駄使いが多い」
省エネルギーがどうだを始め、2人乗っても、6人乗っても、かかる電気代は同じだなど、意味不明の説教が始まった。とりあえず「はい」と返事をし、仕方なく「開く」ボタンを押し続けました。
でも、そのまま終わらせる Kim pitt ではありません。
Kim pitt「あの～こうして押し続ける電気代を考えると、動かした方が安上がりかもしれませんよ。それに、私たち一番しちゃいけないことしてますよ」
ご老人「何それ!?」
Kim pitt「いま、上の階でエレベーター待ってる人のご迷惑になっているということですよ」
すると、ご老人は急に優しくなって、(多分、他人様に迷惑かけるということに気づいたのでしょう)
「そうか、悪かったね。じゃあしょうがない、行こうか。」
「しょうがないのはあなただけど。変な爺さんでも根は優しいじゃん」
と思いました。

40. 童顔よりも童心をもとう！

　合コンや初対面で、男性は女性を約3秒でチェック(スキャン)するそうです。一方、女性は男性のチェックに約10秒かかると言われています。
　まず、何をチェックするのか!?　男性は顔とスタイルを見て、恋愛対象となるかなど、勝手に想像して判断します。男性は女性の顔とスタイルが良いとすべてを許してしまいます。ただし、それでつき合いだしても、綺麗な女性とはなぜか長続きしないことが多いです。それは、綺麗な子は、なぜかわがまま、つまり性格ブスが多いと言われてます。でも、可愛くない子とは、恋愛を始め

る気持ちにならないので、恋は遠のくばかり。これはあくまでも一般論です。(*^_^*)

　女性は、男性の身長と顔と所持品をチェックし、同じことを想像します。そして、身長や顔が気に入れば、その次は声をチェックします。声の高い男性は一般的に嫌われます。逆に低音の女性は男性に好かれません。

　こうした第一印象をふまえ、恋愛対象であることを確認すると、男女ともに顔ではなく、表情や会話の内容をチェック。面白い人なのかどうかということに関心を持ち、つき合うか、またはやめるかを決めるのです。つまりコミュニケーションをどれだけ取れるかによって、恋の行方も左右されるということです。コミュニケーションの壁があると恋愛は上手くいきません。同じ条件であれば、女性はユーモアのある男性を選びます。一方男性はユーモアのある女性より、話を聞いて笑ってくれる女性を好みます。

　皆さん、コミュニケーション力を高めるためには、自己反省や心の余裕が大切なのです。毎日一回は、鏡に映る自分の顔を通して、自分の生き方を振り返ること、また、多忙という言い訳で周りの人々のこと忘れてはいないか考えてみましょう。また同じように、窓の外の景色や空を見てください。合法化されたカジノでは、鏡、時計、窓はありません。3つとも壁にかけるものです。これらは、すべて自己反省の際に必要とされるものです。つまり、お客さんにできるだけ、長い時間ゲームをさせて金儲けするための業者の作戦です。私たちに大切なことは、童心に戻ることです。童顔は童心から芽生えるものです。

41．人間、誰かが自分の名前を呼んでくれると幸せになる

　教育者が生徒とコミュニケーションを取るためには、とにかく学生の名前を早く覚えておくことです。むろん、顔と一致しないといけません。最近、学校では固有名詞で呼ばなくなったと言われていますが、それがコミュニケーションを妨げる壁になっているかもしれません。

　実際に4年生の学生で
「3年以上この大学に通ってるけど、授業中、名前で呼ばれたのは初めて」と言われたことがあります。
Kim pittは受講生が200人以上であっても、（もちろん人数の問題ではないけれど）「君」、「そこ」、「後ろ」という呼び方はしません。どうしても、名前が思い

出せない時は、「そこのイケメン」、「そこのお美人」、などと話しかけます。女子には必ず「お」をつけます。
　ある授業でのこと、あるテーマについて女子学生にたずねました。
Kim pitt「みほさん、君はこのことについてどう思う!?」
彼女「みさとです」
Kim pitt「ごめん、昔の僕の彼女がみほちゃんだったので、美人を見ると、みほちゃんと呼びたくなる」
　すると、彼女はKim pittを困らせる作戦に突入。逆襲が始まる。
彼女「この間は、ようこさんと言ってましたけど!?」
Kim pitt「ごめん、それはその前の彼女」
彼女「いったい、何人と付き合ってたんですか！」
Kim pitt「それは別料金、今回の授業料には入ってない」
と返しておきました。
　ある他の授業では、そこにいない男子生徒の名前を出したところ、違う生徒が
「スゲェ、あいつ先生に名前覚えられた」
と羨ましがっていました。自分の名前は覚えてないと思い込んでいるようです。そこで、
Kim pitt「僕に名前を覚えられたということは、間違いなく、悪童。つまり、日頃の行いがよろしくない人だよね」
と言いながら、その羨ましがってた学生の顔を見ながら、彼のフルネームをいいます。その学生からは、
「先生本当に楽しんでますね」
と言われ、
Kim pitt「そうだよ。ここでいろいろ怒っても、皆さんは言うこときかないから意味ないだろう。だから、楽しむしかないじゃん」
と返しました。でも、しかるべきところはちゃんとしかっているし、礼儀に反する行動や、言葉遣いについては、かなり厳しく注意しています。

42．食べようカレーを。幸せを感じるために

　子どもの幸せに関することですが、皆さんは、「セロトニン」というホルモンを知っていますか？　このセロトニンとは幸せのホルモンとして知られています。今までは、このホルモンは脳から出ているとされていましたが、最近の研究によると、その95％が脳ではなく腸から出ているということが明らかになりました。つまり幸せとは、脳で感じることより、身体で感じているということです。

　その研究結果によると、腸は熱を持つとセロトニンの分泌指令を脳に伝達する働きがあり、腸の状態が悪いとセロトニンもスムーズに分泌されません。便秘や暴飲暴食による腸の疲労状態を改善することが、幸せを感じることにつながるというのです。他にも、腸が冷え切っていると"幸せ"を感じられない、同じものばかり食べる"偏食"はセロトニンの分泌を妨げることも判りました。これは、食事が単調になってしまうと『体温調整』がスムーズに行えないため、「同じもんばっかり食っても幸せじゃないよ」という身体の叫びです。腸が脳にセロトニン分泌指令を出さずにいると、精神バランスは崩れ、ストレスから暴飲暴食やウツの原因となるというのです。

　腸からセロトニン分泌指令を出すのに最適な食品があります。それはなんと、あの「カレー」らしいのです。スパイスが多く含まれ、たんぱく質、脂質、炭水化物がバランスよく摂取できるカレーは、腸を温める効果が抜群だそうです。腸を温めると、セロトニンをドバドバ出すよう脳に指令が届き、幸せを感じるというのです。ただ、小麦粉がふんだんに使用されている日本の市販のカレーではなく、スパイスを混ぜ合わせた「インドカレー」など本格的なカレーがより効果的とのこと。もちろん、スパイスが豊富なものならば市販カレーでも問題ナシ。カレー大好きな Kim pitt には、すごく嬉しい話ですね。

　人間にとって、食べ物や食べることは、いかに大切なことなのかを改めて感じました。満腹になると幸せを感じることも、ここにその訳あるように思います。皆さん、これから、カレーを食べましょう！　幸せをたくさん感じるために。

幸せを求め
生き方を考えよう

1．これができてたら、あの事件はなかった。
　　どうすれば幸せになれる？

　幸福とは人間の倫理の最高目的とも言われてます。最近の若者は、自分は幸せではないと思ってる人が多いです。こんなに豊かになっているのに？
　先日私たちを悲しませた裁判がありました。母子家庭のお母さんが、家賃1万8千円を払えず、滞納で強制退去を迫られて、自らお腹を痛めて産んだ13歳の愛娘さんの首を絞めて殺害したという痛ましい事件の裁判です。そのお母さんの人間関係はどうなっていたのか、頼れる人はいなかったのか、などなど、なぜ？　Why？　と思わずにはいられません。
　国際機関による幸福度調査の結果からも、いかに日本人は幸せだと思ってないのかが伺えます。
　日本や韓国は、アジア唯一のOECD加盟国ですが、成人や子どもの自殺率が世界トップです。一般的には、経済的に貧困な層に自殺が多く見られます。しかし、日韓の例から、経済力と人間の幸福は関係なさそうです。もしかすると、自分は幸せだと思わない人は、欲望や執念が強いのではないでしょうか。若者においては、一流大学や一流企業、お金への欲望の執念。中高年はむろん出世への欲もあるけれど、子どもの将来への希望などが現実とかけ離れていることから、なかなか幸せだと思えないのかもしれません。でもそれは、ただ自分の欲求を満たしていないだけのことでしょ！
　幸せになるためには、欲望を捨てて、自分自身のやりたいことを見つけることです。それは希望を捨てなさいということではありません。やりたいことはあっても具体的にどこからどう手をつければいいのかわからない人は、誰かに相談することで良いこたえが見つかるかもしれません。
　人間の生涯を80年とすると、睡眠の時間が26年、仕事をする時間が21年、テレビを見る時間が10年、だれかを待つ時間が6年と言われています。人間はだれかを待ちながら過ごす時間が意外と多いんですね。そして食事の時間が6年。むろんこれらの時間は一般論であり、平均値にすぎませんが、しかし、最近平均寿命が延び続けている状態から推測すると、今の40代や50代の人は100歳まで、20代の人は120歳まで生きられることになります。
　年老いた時にやりたいことがあるのか。老後、幸せな人生を送りたいのなら、今からその計画を立てておく必要があります。
　そして、幸せになるためには、仲良く暮らしている兄弟、友情で結ばれた友

人や隣人、仲むつまじい夫婦、兄弟、友人といった人間関係を構築することです。つまり、人生の buddy（5を参照）を見つけることです。兄弟や夫婦関係においては、人為的には厳しいところもあることでしょう。でも、友情で結ばれた友人、隣人、これだけは自分の力で関係を築くことができます。地位、名誉、年齢に関係なく、いつでも話せる、呑める友人を築くことができたらなんて素晴らしいことでしょう。もし、これができていたのなら、あのお母さんの事件はなかったはずです。

2．バナナを手に握ったままでは死んでしまう

　入試のシーズン、いたるところで親の喜びの声や嘆息する声を耳にします。そして、上手くいかなかった多くの人が、一浪、二浪、三浪を考えています。その親らに言ってみました。
「自分の子だから、誰よりも子どものことをよくわかっているはず。頭で生きていけないなら、身体で生きていけるような方法を考えた方がいいですよ」
するとほとんどの親は顔色が変わります。
　インディアンのシア族は、赤ちゃんが生まれると、素晴らしい思い出を数多く作ることができるように赤ちゃんを星に捧げます。その次に、思い切り野原を走りながら遊べるように野原に捧げます。
我々は、子どもが生まれるとどこに捧げますか。自分の子どもの頭や学習欲などとは関係なく、「目指せ、国立大学」子どもを塾や習い事に捧げているのではないでしょうか。
大学が人生の全てかのように、親子関係を壊しながらも、子どもを大学に進学させようとします。子どもにしてみれば、親が悪魔のような、うざい存在に見えるだけです。
　特に母親は、旦那さんを放ったらかして息子にかかりきりになり、
「あたしの人生あなた次第だわよ」という状態に。だから、息子の受験が上手くいかないと、息子よりも自分自身を責め続けます。ぜひ、冷静になって欲しいです。
　人間、欲を出さないと幸せになります。アフリカ中部（ザイールやコンゴあたり）に住むある民族や、南アジア、中国の一部の地域には猿を食べる人種がいます。彼（女）らは猿を捕らえようと壺の中にバナナを入れておきます。すると、そのバナナを手に入れようと、猿が壺の中に手を入れてバナナを握ります。

しかし、その壺の口は狭く、そのままでは手を壺の中から出せません。バナナを離せば生きられますが、バナナを手に入れたい欲からそのバナナを離しません。結果的に猿は人間に捕らえられて殺されることになります。私たち人間はどうでしょう。多くの人がバナナが9個あるにもかかわらず、10個にしたいがために、残りの1個を手に入れようと必死になります。しかし、そのせいで手にある9個も食べずに、すべてなくしてしまいます。

3．過去はヒストリー、現在はプレゼント（贈物）、未来はミステリー

　20世紀を代表するセクシーな女優マリリン・モンロー（1926-1962）によると、ユーモアのない男性とつき合うのは、ジャガイモを生で食べることと同じだそうです。だから、同じ条件の男性がいたら女性はユーモアのある男性を好み、選びます。一方、男性はユーモアのある女性より、笑ってくれる女性が好きです。
　また、物理学者アインシュタイン（1879-1955）は、
「唯一の救いはユーモアのセンスだけだ。これは呼吸を続ける限りなくさないようにしよう」
といいながら、自分の天才性はユーモアからきていると言っています。ドイツの哲学者ニーチェ（1844-1900）は、『ツァラトゥストラはこう言った』の中で、すべての良いものは笑うと言っています。アジアにも、「一笑一少、一怒一老」（いっしょういちわか、いちどいちろう）という言葉があります。中国（台湾）の蒋介石（1887-1975）の参謀総長であった張群という人が座右の銘にしていた言葉で、人間、一つ笑えば一つ若返る、一つ怒れば一つ歳をとるという意味です。いつも笑っているのといつも怒っているのでは、体に与える影響は大きく異なります。
　喜びや生きがいがあることは自然治癒力を高めますが、悲観や絶望は反対に自然治癒力を弱め、ひいては病気を招いてしまいます。現によく笑う人は癌になりにくいそうです。笑うときに人間は肯定的になり、寿命も延びます。だから、よく笑う女性の方が長生きできると思います。とにかく、人間は肯定的になると、世の中がピンク色に見えてきます。
　過去は問わず、未来のことは心配しない。未来のことは未来が心配してくれます。過去はヒストリー、現在はプレゼント、つまり贈物。未来はミステリー。だから、今日も笑いながら喜びとともに生きましょう。（P129の37参照）

4．自分の弔事、追悼文を自分で書いてみること

　人間、他人と自分とを比較しながら生きると、幸せになれず、毎日が辛く感じます。だから、愉しく生きるためには、他人と比較するのではなく、今日の自分と一年前の自分、昨日の自分と今日の自分を比較しながら生きるべきです。つまり、毎日自分史を更新することです。毎日が人生最後の日だと思い生きれば、きっと悔いのない人生になるでしょう。

　皆さん、自分の弔事、追悼文を書いてみてください。自分の葬式や追悼の場で友人代表に言われたいことを、自分で書いてみるのです。そうすると間違いなく、そこに書いてある通り生きようとします。遺書を書く人はよくいますが、自分の弔事や追悼文を書く人は聞いたことがありません。

　「死ぬ時に後悔すること25」（P80の38参照）という文献があります。あなたは死ぬ時に、どんなことを後悔するだろうか、今すぐ紙に書き、今日からそこに書いてあることを一つずつ消しながら、一日一日、愉しく生きてみませんか？

　皆さんが愛する人々に、
「私のような人生を生きるように、私のような人生を歩むように」と言えるようになるためにも、今を大切に生きましょう。

5．人生のBuddyはいますか

　人間、どう思うか、どう考えるかによって人生は変わります。1度だけ生きるチャンスを与えられてない人生、安っぽい人生ではなく上品に生きるためには、常に肯定的であり、ポジティブになることです。顔や外見が微妙でも、常に肯定的でポジティブな考えを持って生きると、顔の表情も輝き出し、形も美形に変わってきます。

　一方、常に否定的でネガティブな考えの人は容姿も醜く変わります。実際、Kim pittの周りにそのような人がいます。40歳の顔は自分で責任を取らなければならないと言われているのも、こんなことからではないかと思います。だから、常に明るく生きようと言いたいのです。

　明るく生きるためには、自分自身を正しく知ることが必要です。それには自分の間違いを指摘してくれるBuddyが必要です。人生の最高のBuddyは配偶者だと思いますが、独身の方は親友です。だから、多くの人間関係を築きあな

たのBuddyを見つけましょう。
　Buddyとは、スキューバダイビングの際に一緒に潜る人のことです。その際にBuddyがいないと90%の確率で死ぬと言われています。
　上品に生きるためには、自尊心やプライドなど捨てて自分をオープンにすることです。みなさんは、人生のBuddyはいますか？

6．母親は土台で、父親は建物で、子どもは屋根

　人間の目標は幸せになることであり、そのために教育があると思います。「エミール」の著者ルソーはいいます。
「一番自然で善いことは、自分で自分の子どもに母乳を与えて育てることです。そうすれば道徳的な感情は自然に芽生えるし、夫婦の絆は深まり家庭は円満となる」
「子どもを育てるには、忍耐と優しい心づかい、どんなことにも失望させられない熱意と愛情が必要である。女性は子どもとその父親をむすびつけるものとなる」
　このことから、女性だけが父親に子どもへの愛情を感じさせることができ、その子をわが子と呼べる確信を父親に与えられることがわかります。家族全体の和合を維持していくために、女性はどれほど多くの愛情と心づかいを必要としなければならないのだろうか、と思います。
　つまり、ルソーは、「母親こそが、夫と子どもとの接点になる重要なキーパーソンであり、家庭を支えてその和合を維持していくのに必要不可欠な存在である」と言っているに違いありません。実際に、家族において母親は土台で、父親は建物、子どもは屋根なのです。母親が崩れると建物や屋根も、当然崩れます。
　ルソーの論だけでなく、母親というものは、子どもに対しての並々ならぬ愛情と、家庭に対しての強い熱意をもたなければなりません。それを思うと、妻に対して過重な責任を押しつけているようにも思いますが、それだけ母親は大事な存在です。
　この点について不公平な差別を受けていると不平をいう女性がいるのだとしたら、その女性は間違っています。人間の両性のうち、自然から子どもという預かりものを委託されている方は、他方にたいしてその責任をもたなければなりません。
　夫婦の義務と役割は、平等ではありません。女性は妊娠、出産という男性に

はない負担を背負っているからです。
　この義務と役割は、男性には経験できないことであり人為的なものではありません。自然が与えたものです。平等でない分、夫は子を責任をもって養育し、妻に対しては誠実な夫でなければなりません。ルソーは、夫婦のあり方として、過酷な義務を背負った妻に対して、夫は愛情を持って誠実でなければならないと考えたのだと思います。
　とにかく、家庭の中心は母親です。それだけ母親の役割は言葉で表現できないほど重いです。子どもの幸せを願って精神的にも肉体的にも健全な成長を目指し、幸せな暮らしを望むのであれば、このルソーの教育論を今の日本で実践してもらいたいです。

7．人間の知恵はお金よりも貴重（危機はチャンス）

　ある街の銀行に二人組による強盗事件が発生しました。銀行強盗は、行員やお客さんに叫びました。
「静粛にしなさい。動かないでください。この銀行のお金は政府のお金であり、あなた達の命はあなた達のものだから、静かにすれば、何の危害も加えません」
すると、強盗の話に納得したのか、すべての人が強盗の指示通りに静粛にしました。それでもある老いた女性が、挑発的な行動をとろうとしました。すると、強盗は彼女に言いました。
「お母さん、静粛に動かないでください。申し上げたように、あなたを傷つけるつもりもないし、傷つける理由も、考えも、全くない」
するとその女性も、行動を止めて静かに座りました。このような強盗事件に遭遇すると、普通はパニックに陥りますが、強盗の言葉は彼（女）らの考えを変えることに成功したといえます。まさに「一般論を変えるコンセプト」とも言えます。つまり、日常生活においても、「プロらしい冷静さを保つことが、いかに大切なのか」ということです。こうして、二人は常に練習したように、どんな状況でも人を傷つけず、お金を持ち出すことだけに集中し、無事にできました。
　帰宅後の彼らの会話。犯人A（MBA所持者）は、犯人B（中卒）に
犯人A「Bさん、これいくらか数えてみよう」と言った。
犯人B「そんなバカなことする必要はない。それにこれだけのお金を数えるには時間がどのくらいかかるのか考えなさい。数えなくても今夜のニュースで教えてくれるだろう」

まさに「経験の重要性」と言えます。
人生、どんな経験をするかによって、変わります。何かを経験することは、教科の試験の成績をあげることよりも大切です。

さて、銀行の内部ではどんな動きがあったのか！ 強盗らが銀行を去り、支店長は上司に、すぐに警察に通報しようと促しました。すると上司は、
「ちょっと待ちなさい。一応1億円は私たちの分け前として、これまで私たちが横領した金7億円をプラスして報告しよう」
と言いました。まさに危機からの脱出といえます。そして、上司は支店長に言いました。
「毎月強盗事件があればいいね！」（嫌な人ですね）
　その晩、テレビのニュースでは、銀行から10億円が強奪されたと報道されました。強盗の二人は不思議に思い、お金を数えましたが、2億円しかなかったのです。二人は、かなり怒って呟きました。
「私たちは命をかけて2億円儲けたが、銀行の支店長らは、指一本で8億円を稼いだんだ」
これは、「システムを知っている知恵は黄金よりも価値がある」ということです。つまり、人間の知識は、お金よりも貴重なものなのです。とにかく、支店長とその上司は、楽しく楽しくて大喜びでした。株で大きく損した自分達のお金を強盗事件で取り戻すことができたのですから。つまり、「危機はチャンス」です。皆さんも危機に失望せず、その危機を活かしていきましょう。

8．人間は心の中で考えたとおりの人間になる

　科学と芸術との違いについて話をしましょう！ 独特な風景表現と光を波長順に分解したスペクトル的な色彩理論を用いて、数多くの油彩画・水彩画・版画用の下絵を制作しているイギリス最大の風景画家であり、ロマン主義を代表する巨匠でもあるウィリアム・ターナーの逸話があります。
　ある日、天文学の権威者であり、長老の先生がターナーを訪ねてきました。先生は、ターナーが描いていた「夕焼け湖の向こうの日暮れ」という作品を注意深く見ていました。しばらく絵を見ていた彼は、
「ターナー君、本当に美しい夕焼けだね。私は今までこんなに素晴らしい夕焼けを見たことがない。しかし、天文学者として言うけど、このような夕焼けは実際には存在しない」

先生の真剣な話に、ターナーは静かに笑いながら、先生に話しました。
「はい、そうです、先生。私もこんなに美しい夕焼けを見たことはありません。しかし、先生はこんなに美しい夕焼けを見たくはないですか。実際には存在しないが、自分の想像力で美しい世の中を表現したかったのです」
自然の美と芸術の美との違いを悟った長老は、ターナーに言いました。
「ありがとう。私は貴君の絵を通して学問的には悟れないものが芸術の領域にあることを初めて悟った」
　このことについて、イギリスの作家ジェームズ・アレンは言いました。
「あなたは自分の考え方一つで、自分の人生を破壊することも、素晴らしいものに作り替えることも出来るのです」
つまり、「人間は心の中で考えたとおりの人間になる」ということです。
　ミステリーとも言うべき自分の未来を美しく築くためには、今、あなたの心に何が生きているのか、確認してみましょう！　昨日の自分から今日の自分に更新できそうですか？

9．我々が心配していることの90％は起こらないと言われてる

　「もしかして」「もしかしたら」という考えから生じる恐怖心について触れてみようと思います。
　ロシアのとある市役所の職員が誤って市長の靴を踏んでしまい、彼は慌てて謝罪をしようとしましたが、市長は彼を振り向かず、自分の部屋に行ってしまいました。その日の晩、彼は心配になって眠ることができなかったそうです。
「市長が私のことを無礼な人だと思っているんじゃないのか？　もしかして、明日自分は解雇されるのでは？　家族の生計はどうする？」
と心配していました。彼は翌日出勤と同時に市長室に行きました。市長は、彼のことを無視しました。彼は市長が自分のことをわざと無視していると思い込み、その翌日、再び出勤するや市長室をたずねました。幸い、市長室には市長一人だけ。彼は市長室に入るなり土下座をし、涙でお許しを求めました。
「お許しください。あれはただのミスでした。私は妻子のある身です」
すると、いきなり市長が彼のことを怒鳴り始めました。
「あなた誰!!　非常識なんじゃない！？」
怒鳴られた彼は落胆し、解雇されるのではないかと、緊張していました。

翌日の朝、彼の妻が彼を何度も起こしましたが、彼は二度と起き上がることはありませんでした。実際に市長は靴を踏まれたことも全く気づいていなかったし、他の職員との会話で夢中になり、彼のことに気づかなかったのです。市長が怒鳴ったのは、知らない人が毎日やってきて、お詫びをしたのが煩わしかったからです。（ドストエフスキー（FM Dostoevskii）の短編小説の中から）

　これは、「もしかして」「もしかしたら」という考えから生じる恐怖感が人の生命を短縮させることもあるというお話です。我々人間は実際にこのような経験をよくします。起こらないことや未来のことを恐れ、「もしかして」「もしかしたら」という考えで、今日も心のどこかに恐怖感を抱えながら生きていませんか？　我々が心配していることの90％は起こらないと言われています。過去はヒストリー、現在はプレゼント、未来はミステリーと言われる理由がわかる気がします。

10．自分中心の親切やもてなしは、相手に負担を与える

　ある医師が靴の修理のために、近所の靴の修理屋さんに行きました。そして、靴を修理工に渡し、
「この靴を直してほしい」
と言いました。修理工は、しばらく靴の状態を調べ、
「ここではこの靴の修理ができないので、この靴の専門店に行ってください」
と言いました。その医師は仕方ないので礼を言って、店を出ようとしました。すると、修理工は医師に
「代金を払ってください。1000円です」
と言いました。医師は
「修理もしてないのに、1000円とはどういうこと!?」
と言いました。すると、修理工は、
「先生も病院で診察料を受け取ります。弊店でも同様です」
考えてみれば、その通りです。（ドストエフスキー（FM Dostoevskii）の短編小説の中から）
　自分中心の自分を基準とした考えは誤解を招くことがあります。もし、相手の立場から考えることができたならば、別の世界が見えてくるはずです。
「自分中心の親切やもてなしは、相手に負担を与える」

例えば、Kim pitt はワインが大好きです。でも、赤しか飲みません。だから、ある人から白ワインをもらったとしても、全く嬉しくないのです。

皆さんは、常に自分基準の判断だけですべてのことを決めたりしていませんか？

11．人間にとって成長が止まったことは死を意味する

人間は生きていながら、死に対して怒りを覚え、なぜ「人間は死ななければならないのか」と、恐怖を感じています。この死に対する恐怖や怒りなどは、死んでいく人よりも、残された人の方が強く感じるようです。

『戦争と平和』、『アンナ・カレーニナ』などを著したトルストイ（1828-1910）は死について
「今夜まで生きよう。同時に永遠に生きよう」
今夜死ぬかも知れない。私が、または私とおしゃべりしてる人が…。ということを匂わせています。彼が言う「永遠に生きよう」は、長さではないと思います。つまり、量ではなく質なのです。

皆さん、死を記憶しましょう。それが善く生きるための秘訣です。死を記憶するためには、時間と共に生きなければなりません。しかし、時間はいくら抵抗しても過ぎてしまいます。我々人間は、この時間の流れとともに訪れる老化や死に、いくら抵抗しても勝てないのです。いくら抵抗してもこの一瞬は過ぎ去ってしまいます。

とはいえ、時間はすべてを食いつぶすのではなく、人間の心身の傷を治癒する最高のプレゼントでもあります。今は故人の台湾出身の歌手テレサ・テン（1953-1995）が歌ったように、時の流れに身をまかせれば、人間は成長します。そうすることで人間は死ぬまで成長することができるのです。人間にとって成長は、至福の喜びを持続的に与えるもの。今日も生きてることに感謝しながら、眠りにつきましょう。

12．世の中で一番美しい言葉は

英語圏で世の中で最も美しい言葉として1位に選ばれたのが、"Mother"でした。なら、"Father"が2位だったのか。残念ながら、"Mother"の後は、"Passion"、"Smile"、"Love"でした。Father は上位に選ばれていなかったのです。"Passion"、

"Smile"、"Love" もある意味では、母親の子育てと密接な関わりも持つ言葉です。
　日本で、火事の焼け跡から親子の遺体が発見され、お母さんが２人の子どもを守ろうと必死になって両腕で抱えていたというやり切れない事件がありました。母親だから、できたことです。子どもへの情熱、愛からできたことです。非英語圏の日本でも、間違いなく、１位となるのは「お母さん」、「おふくろ」、になると思います。
　確かに「母親は生命を与えることができるが、奪うこともできる。生き返らせることも、破滅させることもできる。愛の奇蹟を起こすこともできるが、ほかの誰よりも子どもを傷つける」(エーリッヒ・フロムの「愛するということ」より。) 二面性を持つ偉大な存在です。
　これは、ルソーの著書「エミール」にも見られるように、母親の存在は極めて大きいと言えます。Kim pitt がこれまで関わってきた教育の現場で、不登校、引きこもり、ニートの子どもや若者らと接した経験から言えるのも、母親が何らかの形でキーパーソンになっているということです。
　80歳のお母さんと 50 歳の息子さんが遊園地に行き、入場券を買い求める際に母親が、
「大人一枚と子ども一枚ください」
と言いました。世の中のお父さん達、反省すべきです。

13．手を加えたことでさらに景観破壊となった

　勤労感謝の日で祭日にもかかわらず、仕事あり。勤労感謝の日なのに、全く感謝されていません。(T．T)　休日なので、電車の中は空いてるのかと思ったら、平日とほとんど変わりません。
　化粧する女性達がいます。いわゆるコスメフリークと言われる女性たちが電車の中で化粧をするのは、自分を綺麗にするためです。その努力は高く評価したいが、場所を選びなさい！　化粧するときの歪んだ顔の表情はみっともない。はっきり言って迷惑というか、景観破壊になるんだよ。それは単にウチ・ソトでするものの区別がなくなったからではなく、化粧そのものが変わったのだと思います。今や化粧は自己表現であり、立派な趣味の一領域であり、教養ですらあるが、最近の電車の中の化粧人口は、中年のおばさん率が高すぎます。電車やバスなど、公的な交通機関や場所で化粧する女性は、間違いなくそのほとんどが不細工な女性。かつ、おデブが多いです。これは、自己コントロールが

できない人たちだからなのだと思います。
　中には、本当に申し訳なさそうな感じで、ほんの2、3分でさっと済ませる女性もいます。彼女らは間違いなく可愛い女性が多いです。でも、不細工でおデブは降りる直前まで続きます。そして、化粧が終わっても不細工さは変わらない。変わらないどころか、手を加えたことで景観破壊になっています。化粧よりも、顔の表情や印象を笑顔をつくって鍛えなさい。それに、彼女らに言いたいのは、そんなに化粧に費やすおヒマや情熱があるのなら、その時間の5分の1でも良いのでダイエットに投資しなさい、ということ。確かに、ダイエットを何年間やっても変わらない人もいるけれど、そういう人は、ダイエットをしていると思い込んでるのかも。ダイエットの仕方を考え直すべきです。そのまま街を歩くと、景観破壊になります！

14．あなたの心には「心師」はいますか

　皆さんは、今心に残る、心に生きている先生、つまり心師はいますか？ Kim pittは数年前、教職課程で学んでいた20歳前後の学生にアンケートを取ったことがあります。アンケートの中身は、
「君らが目指す教師、理想とする教師のタイプは？　なりたくない、嫌いなタイプは？　君らの小学校や高校までの担任、または教科担当の先生の名前を聞いてもわからないから、テレビのドラマ、映画、アニメなどに登場する先生を1人ずつ選んでください。邦画・洋画、問いません」
というものでしたが、意外な結果が出ました。理想とする先生として名前が上がったのが、スラムダンクの「安西先生」。なりたくない、嫌いな先生は、3年B組の「金八先生」の名前があがりました。
学生らは、その理由についていろいろ上げていました。
　当時、Kim pittは何となくスラムダンクのことは知っていましたが、登場する「安西先生」について気にかけたことがなかったのですが、どういう人物なのか調べました。そうすると、学生らの気持ちがよく理解できるようになりました。
　なぜ、「金八先生」ではなく、「安西先生」が好かれているのでしょう。
ちなみに、理想とする先生として2番目に選ばれたのは、1989年のアメリカ映画「今を生きる」(ロビン・ウィリアムズ主演)の英語教師でした。
彼は、アメリカ版「金八先生」のようだけど、この違いは何でしょうか!?

ここで「安西先生」が発した名言をいくつか集めてみました。
＜スラムダンク「安西先生」の名言録＞
君たちは強くなる
あきめたらそこで試合終了だよ
君がいて良かった
お前なぁんか勘違いしとりゃせんか？
お前のためにチームがあるんじゃねぇ、チームのためにお前がいる
とりあえず、君は日本一の高校生になりなさい
そろそろ自分を信じていい頃だ…。今の君はもう十分あの頃を越えているよ

これらの中でも「君がいて良かった」が一位でした。
皆さんは、どうですか？

15．人生を100点満点にするための条件は何か

　人生を100点満点にするための条件、皆さんは何だと思いますか？　この話を進めるために、まず、アルファベット順に数字をつけます。Aに1点、Bに2点、Cに3点、Dに4点、これでいくとZは26点になります。ひとつの言葉について、そのアルファベットの点数を足してみましょう。その足した点数が100になる単語を見つけるのです。
つまり、
- ラッキーだと
Luck：12＋21＋3＋11＝47点
- 恋愛をすると
Love：12＋15＋22＋5＝54点（厳しい！（笑））
- 努力をすると
Effort：5＋6＋6＋15＋18＋20＝70点
- お金があると
Money：13＋15＋14＋5＋25＝72点
- 根性、忍耐をつけると
Patience＝16＋1＋20＋9＋5＋14＋3＋5＝73点
- 知恵をしぼると
Wisdom：23＋9＋19＋4＋15＋13＝83点

- 知識が豊かであれば
Knowledge：11 + 14 + 15 + 23 + 12 +5 + 4 + 7 + 5 = 96 点
- リーダーシップをとると
Leadership：12 + 5 + 1 + 4 + 5 + 18 + 19 + 8 + 9 + 16 = 97 点
- 一生懸命に働くと
Hard Work：8 + 1 + 18 + 4 + 23 + 15 + 18 + 11 = 98 点
- 態度が良いと
Attitude：1+ 20 + 20 + 9 + 20 + 21 + 4 + 5 = 100 点
正解は、Attitude です。態度、姿勢、つまり生き方です。
　どう生きようかとする自らの態度は、人生にとって最も大切なことで、それによって自分の人生が 100 点になれるということです。皆さんの生き方はどうですか？

16．一生懸命やることとは

　「一生懸命やる事」について考えてみましょう。一生懸命に仕事に取り組むためには、精神面の強化だけでは厳しいと思います。まず、精神面だけではなく、何かを実行、実践できる丈夫な体力や忍耐力がなくてはなりません。また、家族や周囲の人々を納得させるだけの信頼も得なければなりません。そのためには、他人に自分のことを説明する力、交渉する力、つまり「自他理解力」、そして「知識を吸収する力」や「直観力」も備えなければならないのです。
　これらの力を備え身につけるためには、まず、日常生活の中で発する言葉を、次のように習慣づけて、自分の意識をコントロールしましょう！
特に、教師を目指している貴君 (*´∀｀*)
１）明るい言葉を使う
２）健康的な言葉を使う
３）肯定的（ポジティブ）な言葉を使う
４）前向き（プラス志向）な言葉を使う
　これらは一朝一夕にできるものではなく、日頃の生き方、学習や仕事に取り組む態度により、身につくものです。そのためには、毎日、笑顔 (^O^) を忘れるな！　ということでしょう。

17．集中力を育むこと

　学習や仕事を上手くこなすためには、「集中力」が必要です。しかし、どんなに「集中力」がある人でも、心に乱れが生じれば、その集中状態は一瞬で崩れてしまいます。崩れてしまってもその「集中力」を立て直す心が必要なのです。
　では、なぜ、人間は心が乱れるのか。人間の心を乱すものは何なのでしょう。それは、心の中にある喜怒哀楽といった感情です。学校の先生に、職場の上司に、怒られたり、叱られたりすると、たとえ自分が悪くても怒りを感じます。仕事が上手くいかなかった時もすぐ周りのせいにします。逆に上手くいったら「自分の実力だ」と思いますよね。つまり、我々の日常生活は感情の波にもまれて生きています。
　では、この波に左右されないためには、どうすれば良いのか！　愛、慈悲、喜、善、と言った言葉は心を育てます。これは、４大聖人と言われる、釈迦も、孔子も、ソクラテスも、イエスも、言っていたはずです。善く生きるために人間が育てるべき最も大切なものです。しかし、これらを身につけることは、容易ではありません。それにこれらだけでは、人間の心は落ち着かず、乱れてしまいます。そこで、もう一つ「無欲」、つまり「捨てる」心が育つと、他人や自分の感情に振り回されず、落ち着いた心になれるはずです。つまり「平常心」を保てるため、「集中力」も身につくというわけです。この「集中力」が育つと、学業も仕事も、必ず上手くいきます。
　みなさん、ぜひ、実践してみてください！

18．自分が可愛いと思い込んでいる女性は餓死する

　教育の思想には、当然ながら哲学や恋の話が出てきます。思想家たちの生い立ちなどの説明と同時に、彼らはどんな恋をしてたのかも話すようにしています。恋の話になると、学生からの反応も良く、彼（女）らの目が輝き出します。そうした授業の最中に、いきなり、女子学生Ａから質問されました。
女子学生Ａ「どうすれば、彼氏をゲットできますか？」
Kim pitt「君は、こないだの彼氏とはどうなった!?」
と聞くと、どうやら別れてしまった様子。
Kim pitt「ふられたね!!」
女子学生Ａ「いや、捨てました。」

Kim pitt「なに！　振られた？」
女子学生 A「は〜⁉　捨てた‼」
Kim pitt「まー恋人をゲットするには自給自足するしかない。生き残るためには、友達の彼氏でも良いから、欲しかったら倒すのよ。ただし、必ず自分が掘った穴に落ちないように (*^_^*)」
この話に、みんなが興味を示してるが、あまり興味を示さない女子学生 B がいて、
Kim pitt「君、間違いなく、彼氏いないね」
女子学生 B「なんで知っているんですか！」
Kim pitt「それは、君は自分が可愛いと思い、プライドがあるから自分からは行かず、男の子が寄ってくるのを待っているんじゃない⁉」
女子学生 B「ヒデ〜、私のこと、可愛いくないんですか」と反撃。
Kim pitt「君、それを日本語でなんというか、知っている⁉　思い込みというの。それにそれは自己評価でしょ？　他者評価はどうなってるの‼　自分で可愛いと思って、男にナンパされることだけを待っている女は間違いなく恋に餓死します。だいたい性格も悪い子が多いです。だから君は、今のままでは、彼氏は無理。まずは性格を直すこと。性格は教育によって直せるから。まずは、この講義をしっかり受けることです。それにもっと笑顔を見せること。そうすると、君は、外見はマジ可愛いから、男の子が寄ってくるよ。わかった？」
彼女は納得したかのようで、話はそこで終わりました。皆さんも、自分の顔の表情をもう一度見つめ直してみましょう。

19．生きるためには食べなくては 1

　食べることまで、行政が干渉するようになりました。いわゆる文部科学省による「食育教育」です。この方針は、朝まったく何も食べず学校に来る児童・生徒数が年々増え続けることや、栄養のバランスが取れず、子どもの成人病や糖尿、肥満、痩せすぎなどが社会問題となり、行政が乗り出したことが起因しています。

　自治体によっては、朝食を食べずに登校する子どもたちのため、養護教諭が砂糖水をつくり、飲ませている市町村もあります。偏った栄養摂取、朝食欠食といった食生活の乱れや、肥満・痩身傾向など、子どもたちの健康を取り巻く問題が深刻化していることから、食を通じて地域性を理解することや、食文化の継承を図ること、自然の恵みや勤労の大切さなどを理解することも重要です。

要するにご飯の食べ方まで、国が口を出さないといけなくなったわけです。これは大いに反省すべきことです。世の中には、食べ物がなくて死んでいく人が大勢いるというのに。

実際の教育現場から生の声を聞くと、ある男子生徒は、母親がいるにもかかわらず、小学校に上がり中2になるまで、朝食を一度も食べたことがなかったとか。

とにかく、食べることはすばらしいことです。皆さん、挫折した時、辛い時、悲しい時、死にたいとき、悩まず、くよくよしないで、食べましょう！　食べると元気になります。パワーがつきます。そうなれば、体だけでなく心にも生きる力がつきます。ただ、食べすぎには注意しましょう！　おデブにならないように！

20．生きるためには食べなくては2

昨夜、学生と軽く食事会をやりました。ある男子学生が凄く痩せていたので、理由を聞くと!?　一人暮らしでお金を節約するために、毎食、ほぼカップラーメンで生活しているとのことでした。
Kim pitt「お金貯めて何するの？」
男子学生「将来のためです。いまは貧しくても、将来は豊かに生活したいんです」
Kim pitt「君、その将来はいつ？　その将来まで君が生きられると確証あるのか」
男子学生「先生、俺、将来のために必死に生きてるんだからわかってくださいよ」
Kim pitt「冷たい言い方になるが、Kim pittには、俺バカだよ、バカな生き方で生きてます。と、しか聞こえないから。お金は貯めるために稼ぐものではなく、使うために、流すために、稼ぐものだと考え直さないと、君のところにお金は回ってこない。残るのは、病気や死だけ」

不思議にも、使い道を先に考えている人のところにお金は流れます。服を買えなかったり、ほしい物が買えなかったりしても、大丈夫です。生きる上で、何の支障もないです。でも、一番情けない生き方は、それらを手に入れるために食べ物をケチることです。むろん、食べ過ぎも良くないです。「がん」を漢字で書くと、「癌」つまり、口が3つ。それはおデブになるということ。食べすぎが癌の原因になるということは、東洋医学でも西洋医学でも言われている話です。

ちょうど数日前に会った教え子も、ちょっと前まで昨夜の学生と同じような生活を「将来のために」していたけれど、ある話を聞いて考え直したそうです。

彼の生活を変えた話とは、昔、T大卒の友人がイギリスの大学院への留学を目指し、留学の費用を稼ぐために、一生懸命にアルバイトをしながら毎食カップラーメンで生活していたそうです。目標としていた金額を達成し、さあ、出発だと留学先まで決まり送別会もしてあげましたが、イギリスに出発する前日に亡くなりました。

解剖の結果、死因は栄養失調。悲しいというより、情けないですね。この話を聞き、考えを変えた教え子は、完全に健康体になり、イライラもなくなり、精神的に凄く落ちついたそうです。バイトが悪いことではありません。ちゃんと食べられる、ギリギリまでやれば良いです。バイトも生きるためにやるものですから。

　将来のことは将来が解決してくれます。だから今を生きるためには食べなさい。人間の体はよく食べるとよく排出できるようになっています。体内で役割を果たしいらなくなったものは、早く出さないと病気になります。

　若い皆さん、ここで、一度考えて見ましょう。自分の生き方、これで良いのか！

21．生きるためには食べなくては３

　昼休みを挟んでからの講義で、必ず学生らに聞くことがあります。
「昼飯は何食べた？」
すると、多くの学生が食べてない。または、食べたとしても、軽食程度。世の中には、食べ物がなくて死んでいく人が多いのに。コミュニケーションを取るための一つの話題提供でもあるので、学生らになぜ食べないのか？　と聞くと、その理由は、「時間がない」、「お金がない」、「面倒くさい」、「ダイエット」など、さまざまです。

Kim pitt「食べないと。今は大丈夫だけど、年を取ると、そのツケが必ずきます。ダイエットが気になる人は食べて体を動かせば全く問題ないでしょう。体を動かさないから、太るの。食べて体を動かすとそれが筋肉になり、体の線もキレイになるから。ダイエットなら、逆にしっかり食べて体を動かす方がいい。金がないからといって、食べ物にケチケチするな、人間力に響く」

　人間力の土台となるのは、知力、徳育、体力です。その体力を築くためには、食べることは大切です。「健全なる精神は健全なる身体に宿る」と言われるように、人間性というのは健康な身体があってこそ身につくものです。言いすぎかもしれませんが、人間力のある人は優れた体力も備わっているケースが多く、病弱な人の中には人間力の弱い人が多いのです。

22．皆さんも幸せになりなさい

　皆さん、幸せになりたいですよね!!　Kim pittは、なぜ、人間が教育を受けるか、それは幸せになりたいからだと思います。教育は幸せを夢を見ることであり、教育者はその夢を叶えるためにいるのではないかと思います。では、幸せになるためには、どうすれば良いのか、日頃から考えていたことをまとめてみました。

1）運動しなさい

　幸せになるためには、まず運動をしなさい。とにかく、体を動かすことです。人間、年を取ると、友達、お金が少なくなり、身体が衰弱します。友達とお金は自分次第で何とかなるでしょう。しかし、生物学的に身体の衰弱化は仕方ありません。運動をして、衰弱を予防しましょう。

2）感謝しなさい。

　自分が持ってないものを手に入れようと欲を出すのではなく、持っていることに感謝しなさい。私には、他人にないこんな素晴らしいものがあると感謝することです。W大卒のSくん（プロ野球選手・日ハム）が、「僕が持っているものは"仲間"」と言っていたように、あなたにもあります。

3）人と対話をしなさい

　人間一人では生きていけないのです。Kim pittが教育のキーワードの一つとしているものに、「共に生きる」（共生）があります。人との対話ができない人は、「共生」ではなく「共死」になります。人との対話を通して人間は喜びを感じ、感謝の気持ちが芽生えます。良い対話をするためには飲兵衛の友人も大切ですが、精神的な対話ができる友人を作ることです。

4）勉強しなさい

　勉強は学校の勉強だけではありません。ユネスコでも「生涯学習」の実践を提唱しているように、平均寿命の延長により、一般的な引退の年齢では、人生の四分の一が残ることになります。その時間をどのように有効に過ごすか、が課題の一つでもあります。人間には学習欲（Kim pittはこれを人間の4大欲という）があり、学びたがるわけです。人間は死ぬ日まで成長し続けます。だから、成人教育、高齢者教育が誕生したわけです。学びの喜びについて、東洋では孔子も、西洋ではソクラテスも説いています。

5）テレビの視聴時間やSNSを半分減らしなさい

　特に女性の場合、日本の中年女性は、一日平均3.5時間テレビやSNSを見て

いるそうです。まるで「テレビ教」という新興宗教にはまってしまっているよう。朝から夜寝るまで、多くの時間をテレビの前で過ごし、「テレビ様に言われるまま行動」している人が少なくないようです。子どもはパソコンなどの前で「ゲーム教」にはまり、同じ傾向を見せています。人間はテレビの前に座ると非常に強い欲望が沸いてきます。その欲望が人間を不幸にさせるのです。テレビやSNSの時間を半分にし、学習の時間に投資すれば、手に入るものが多くなります。ただの学習ではなく、目標を設定（漢検、英検など、何か資格を取る）した上での学習です。

6）信仰生活をしなさい

ここでいう信仰とは、修道僧のように何かを抑制したり、我慢したりすることではなく、喜びや、愛、愉しみ、感謝を感じる信仰を指します。

7）笑いなさい

この笑いとは、困ったときに笑ってごまかす微笑みではなく、知らない人にも気持ちよく笑顔を見せることです。なぜ、社会主義や共産主義が崩壊したのか、Kim pittの経験から、社会主義や共産主義と関わってきた国は、ロシア、中国、キューバなどは、微笑みがほとんど見られませんでした。最近は、スマイルが金になって戻ってくることを知ったのか、かなり変わってきていますけれど。今はプライスリストから消えましたが、スマイルゼロ円というマクドナルドのサービスにもあったほど、スマイルがどれだけ大切なのか考えてみましょう。

8）電話（おしゃべり）しなさい

「手紙が無理なら、"金頼む"一言だけでもいいから電話をくれ」という親の心情ではないですが、恋人から、友人から、子どもから、親からの電話を待つのではなく、先に自分から電話をすることです。最近はメールが多くなってきましたが、相手の生の声を聞くと、そこに違った喜びがあります。

9）自分自身を愛しなさい

自分自身を大切にしなさい。これができなければ、怒りっぽくなります。

10）隣人愛を見直しなさい

隣人に優しくしましょう。戦後日本が短期間に目覚ましい経済発展を成し遂げたのは、「隣人愛」があったからです。この「隣人愛」は、何の利潤も利益も求めないものでした。何よりも大切なことです。宗教を離れ、世界的な精神的指導者となった亡きローマ教皇ヨハネ・パウロ2世（1920-2005）は言いました。「私は幸せでした。皆さんも幸せになりなさい」

23．男性は年を取るたびに友達が減ります

　人間は常に自分が必要な存在であることをアピールするために、職場などで心にもないお世辞を言わなければならない場面があります。そんなとき、何ともいえない虚しさを感じます。むろん体質的にお世辞が上手い人もいます。一方、仕事はできるか、お世辞が言えず、職場を去る人も少なくないです。また、寂しさを感じるのは自分の話が通じないときです。または、自分が話したことを全く理解してもらえないときや、透明人間扱いされるときもそうです。つまり自分がそこにいるにもかかわらず、誰からも声がかからない時です。これは職場における陰湿ないじめの一種です。

　ここまでは一般論ですが、これからは生物学的な話をしたいと思います。人が寂しさを感じるのは、年老いていくことを感じるときです。友人の死も然り。ある日新聞を読もうとしたところ見づらく、老眼を感じたとき、物忘れが激しくなったときもそうです。病気になり、入院中お見舞いに来る友人らが少ないときも寂しく感じます。

　皆さんは、Empty nest syndrome（空の巣症候群）という言葉を知っていますか？　40代から50代の女性によく見られる「抑うつ症状」で子育てが終わり、子どもが家を巣立つ頃から出てくることが多いため、こう呼ばれています。子どもは自立し、夫は仕事で忙しくて構ってくれず、夫婦生活もないに等しくなり、夫の定年が近い状態だと離婚に発展するケースもあります。そうした影響もり、心理学者によると、既婚者の方が未婚者よりも寂しさを深く感じることが多いと言われています。そして、人前では笑うけれど、1人になると笑えない人が増えてくるのです。しかし、その寂しさの原因を作るのは自分自身です。その原因は、今まで作ってきた心の壁。気にくわないと連絡をしないなど、若い頃はそれでも良いのですが、年を重ねてからそのツケが回ってきます。寂しくならないために、友人関係を大事にしてほしいです。

　人間は心の中で考えたとおりの人間になると言われています。男性は年を取るたびに友達が減ります。社会生活を辞めると友達は激減します。そして、男性は感情や感受性が豊かになってきます。泪もろくなってくるのです。これは、男性の場合50代になると「エストロゲン」（女性ホルモン）が多くなり、女性化されるためです。

　哲学者キルケゴール（1813-1855）の著書「死にいたる病」の冒頭で、「死にいたる病とは絶望のことです」と言っています。40代から50代の男性に自殺

者が多い原因もそこにあるのではないかと思います。それだけ寂しいからです。

24．どれだけ居場所が大切なのか

　あなたは、「寂しいですか？」と聞かれたら、なんと返事をしますか？　人間はいくら幸せであっても、ある瞬間、寂しさや孤独を感じます。だから、人間なのです。なぜ、自殺する人がいるのか。特に、自殺者が多い日本や韓国社会をみると、死を選ばないとならないほどの社会構造が寂しいです。いじめもそうです。寂しいからいじめが減らないのです。自ら命を絶つ彼（女）らのことを考えるとやりきれない気持ちになります。幸いこの数年間、日本の場合は自殺者が減っています。なぜ、自殺を選ぶのか。それは居場所がないからではないかと思います。つまり、人間にとってどれだけ「居場所」が大切なのかということですね。

25．なぜ、いつ、人間は寂しくなり、自分が不幸だと思うのか

　まず、考えられるのは、愛する人（親、愛人、兄弟、友人など）と別れ（捨てられた）たときです。仏教では、これを「愛別離苦」と言います。その意味は、親愛なる者と別れる辛さ。親子、夫婦など、愛する人と生別または死別するときの苦痛や悲しみを意味します。その多くが病気や事故によるものですが、裏切りもあります。人間の幸福を壊すのは病気、事故、裏切りなどです。
　また、人間は何か困難に陥ったとき、親をはじめ、兄弟や友人らに助けを求めます。しかし、彼（彼女）らに断られ、誰からも助けをもらえないと、「信じていたのに、これまでの自分の生き方は何だったのか」と、寂しさを感じます。また、自分のことを必要とする人が誰もいないと感じたときも同感です。哲学者ハイデガー（1889-1976）は、人間は「被投性」、つまり放り出された存在と言っています。

26．寂しさも孤独も愉しめるようになります

　遊びを覚えなさい。人間の体は遊ばないと生物学的に病気になります。遊びと同時に、おしゃべりになりなさい。他人の悪口でも良いから、おしゃべりを

するとそこでストレスが解消できます。沈黙はうつへの近道です。

　善人みたいに見える人は、他人の悪口がうまいです。宗教指導者らの中には口汚い人が多いです。他人への悪口は、後で反省すれば大丈夫です。反省しない人は、性格が悪いだけ。そういう人は、さらに寂しい人になります。寂しくならないためには、友達を作ることが大切です。

　勉強しなさい。ただ勉強するのではなく、目標を設定することです。例えば、漢検、英検で何級をとるとか、TOEFLで何点を取るとか…。目標を設定し、勉強しましょう。つまり、脳神経に刺激を与えるのです。

　さらに、スポーツをしなさい。筋トレ、ランニングなどで身体の筋肉に刺激を与えると疲れます。何もやらないから、夜眠くならないのです。そういう人は不眠症になりやすいです。特に女性の皆さん、テレビばかり見ていると、そうなりますよ。

　自分自身を大切にしなさい。言い換えれば、自分自身におごりなさい。女性が化粧をして自分自身に投資するあの情熱のように、自分自身を大切にし、情熱を持つことです。

　それに寂しさや孤独を愉しもうとする心を大切にしなさい。そのためには、笑いなさい。喜びなさい。お腹が痛くなるぐらい笑ってみましょう。
人間は死ぬときは一人です。だから、一人でいる時間を愉しまなければなりません。

　以上のこと、今から、すぐに実践してみませんか。きっと寂しさも孤独も愉しめるようになるはずです。

27．幸福指数を高める良い方法はないのか

　人間の幸福度を上げるために何をすべきなのかについて、オーストラリアの心理学者アンソニー・グラント博士とABC放送が行った実験を紹介します。

　実験は20代から60代の男女8人を対象に、8週間で幸福度を上げるというものです。幸福指数を上げる方法を探すために、参加者の脳を撮影しながらアンケート調査を行い、幸福指数を測定しました。参加者のすべてが、100点満点中30～50点程度で、平均よりも低い点数でした。彼（女）らは、アンソニー博士が提案した次の方法を、8週間実践しました。

【幸福になる8つのステップ】
1）目標と価値観をはっきりさせる。
2）無私無欲の親切な行いをする。
3）今、この瞬間に集中する。
4）自分の強みを生かす。
5）感謝する。
6）許す。
7）人とのつながりを持つ。
8）これまでの道のりを振り返る。

　実験後、参加したすべての人のストレスレベルや血圧、コレステロールは低下し、免疫力が高まりました。このプロセスがテレビで放送された後、オーストラリアは、1209万人の幸福指数が向上されました。翌年、オーストラリアでは、経済協力開発機構（OECD）国家のうち幸福指数1位を占め、3年連続その順位をキープしました。
　アンソニー博士はこの研究を通じて、幸せになるための努力は、環境や遺伝的要因よりも、幸福指数に大きな影響を与えるという事実を明らかにしました。幸せは、誰が作ってくれるのではなく本人次第であるということです。
　幸福度調査とポジティブ心理学の研究から生まれた、幸福になる方法「幸福になる8つのステップ」を、皆さんも一度、試してみてください。必ず、幸せになれます。

28．悔いのない人生を送ってこそ、安らかな死を迎えることができる

　人間は、快感、つまり愉しみを求めて行動し、生きているわけで、「8苦」である「生」「老」「病」「死」「愛別離苦」「怨憎会苦」「求不得苦」「五蘊盛苦」を回避することはできません。さらに、死はすべての人間に確実に訪れる「楽しむべき人生」の終焉です。だからこそ、「死」は人間にとって最も疎まれるもので、恐れられるものなのです。
　私たち人間が死を恐れるのは、本能的な恐怖心からのみではありません。人間は誰もが死の前では平等です。事故や病気で若くして死ぬ場合もあります。このようなことを考えると、「自分はあまり人生を楽しまないままに生き、この

世に悔いを残しながら"自分の人生には何も楽しいことがなかった"と、死んでいくのではないだろうか」などと、あまりにも人間らしい不安を覚えることがあります。

　本能的な死の恐怖を克服するのは難しいことですが、この「人間的な不安」は心がけ次第で克服することができます。すなわち、残りの人生を可能な限り愉しみ、死の苦痛を最小限に抑えることができることです。私たちは若い時期こそ、一日一日を可能な限り楽しんで過ごすべきです。そうすることで、悔いのない人生を送り、安らかな死を迎えることができるのです。

　聖書の御言葉に、次のようなものがあります。
「人間にとって最も幸福なのは、自分の業（わざ）によって楽しみを得ることだと私は悟った」（「旧約聖書・コヘレトの言葉」）
また、「神は死んだ」という言葉で有名なニーチェは、
「自分自身に命令することのできない者は、人に服従することになる」
と言っています。（「ツァラトウストラはこう言った」の中から）

29．自分にとって幸福や不幸の原因は自分の中にある

　ある日、人に言われました。
「先生はいつも"幸せですか"と挨拶していますが、先生はいつも幸せですか？」
Kim pitt「そんなことない。いつも1日24時間、1年365日間、常に幸せでいられる人なんているか」

　人間はいくら幸せであっても、ある瞬間寂しさや孤独を感じます。だから人間なのです。では、なぜ人間は寂しくなり、自分が不幸だと思うのか。それは、「自尊心」からくるものではないかと思います。「自尊心」というのは他人に良く見せるためのものであったり、優越感からくるものだったりします。「自尊心」が高いことは、裏を返せば「自尊感（情）」や「自己肯定感」、「自己効力感」が低いと言えます。

　「自尊感」とは自分のことを大切にし、自分を尊重することです。ということは、「自尊心」の強い人は、一方で、自分のことを責め続けている人が多いということです。それは、他人と自分とを比較し、他人の成功を疎ましく思うことからくるのではないでしょうか。だから、「自尊心」が高い人は他者に対するコンプレックスが強い人と言えます。人と比べるより、自分のどこがいけないのか、

先月の自分と今の自分とを比較してみる必要がありそうです。

　自分の幸福や不幸の原因は、自分の中にあるはずです。幸福になりたいなら、まず、その原因を認識すること。そしてそれを認め、修正することが大事です。

　哲学者、キルケゴールは、著書『死に至る病』の冒頭で、
「死にいたる病とは絶望のことです」
と言っています。他人と自分の生活を比較しないで、昨日の自分と今日の自分を比較しながら、自分の過ちや欠点などを認識し、認め、修正する生き方をすれば幸せが見えてきます。

30．一度も失敗したことはない

　発明王トーマス・エジソン（1847-1931）は、2000回の失敗の上、電球を発明しました。1人の記者がエジソンに聞きました。
「あなたは、2000回も失敗をしたが、失敗した時の気持ちはどうだった？」
エジソンが言いました。
「失敗!?　僕は、一度も失敗したことはない。ただ、2000回の段階を経て、電球を発明しただけだ」
皆さん、エジソンの「僕は、1度も失敗したことがない」という言葉から、すべての子どもが「More is better, Less is worse」ではなく、「More is worse, Less is better」の子どももいることを認識すべきです。（P123の29参照）

31．パピヨンは人生を無駄にした罪で裁かれ
　　死刑宣告を受けます

　1973年にアメリカで制作された「パピヨン」という映画をご覧になったことはありますか？　脱獄に失敗し、独房に入れられたパピヨンが、昼寝のときに夢の中で神様に審判を受けた際の有名なセリフ。
「パピヨンは人生を無駄にした罪で裁かれ死刑宣告を受けます」
Kim pittは、大きな感銘を受けました。
　20数年前、地方から上京して東京の生活に慣れずに毎日を意味もなく暮らしていた男子学生に、パピヨンの話をしたことがあります。彼が卒業したことは知っていましたが、その後は消息不明でした。数年前に、ネットで調べものをしていたところ、偶然にも明らかにKim pittがしたパピヨンの話に目が止まり

ました。ペンネームでしたが、それが誰なのかすぐわかりました。

　主な内容は、Kim pittからのパピヨンの話にすごく感銘を受け、その話のおかげで今日の自分がいるという書き込みでありました。嬉しかったです。
その後彼から、「Kim pittにお礼の言葉を伝えたくて、ネットで調べたところ、Kim pittの存在を見つけた」というメールがあり、近いうちに会うことになりました。ちなみに、彼は大手雑誌社の編集者であり、映画や文学の評論家になっています。

32．あなたが無駄に過ごした今日は、昨日死んでいった人があれほど生きたかった明日である

　アメリカの建国の父と称されるベンジャミン・フランクリン（1706-1790）が掲げている、日々実行すべき人生の徳目を紹介したいと思います。

1. Temperance（節制）
- Eat not to dullness, drink not to elevation.

2. Silence（沈黙）
- Speak not. But what may benefit others or yourself, avoid trifling conversation.

3. Order（規律）
- Let all your things have their places, let each part of your business have its time.

4. Resolution（決断）
- Resolve to perform what you ought, perform without fail what your resolve.

5. Frugality（節約）
- Make no expense but to do good to others or yourself, i.e., waste nothing.

6. Industry（勤勉）
- Lose no time, be always employed in something useful, and cut off all unnecessary actions.

7. Sincerity（誠実）
- Use no hurtful deceit, think innocently and justly, and, if you speak, speak accordingly.

8. Justice（正義）
- Wrong none by doing injuries, or omitting the benefits that are your duty.

9. Moderation（中庸）
- Avoid extremes, forbear resenting injuries so much as you think they deserve.
10. Cleanliness（清潔）
- Tolerate no uncleanliness in body, cloths, or habitation.
11. Tranquility（平静）
- Be not disturbed at trifles, or at accidents common or unavoidable.
12. Chastity（純潔）
- Rarely use venery but for health or offspring, never to dullness, weakness, or the injury of your own or another's peace or reputation.
13. Humility（謙遜）
- Imitate Jesus and Socrates.
日本国訳は、以下のURLをご参照ください。
http://earth-words.org/archives/1919

　皆さんの中にも、毎日虚しく生きてる人がいるなら、ここで、人生の設計を、もう一度し見直してみませんか？
　最後に、韓国の「カシコギ」という小説に出てくる言葉を紹介します。
「あなたが無駄に過ごした今日は、昨日死んでいった人があれほど生きたいと願っていた明日です」

33．飽きない味にするため

　最初に食べた時にすごく美味しかったとしても、二回目はそれほどでもないことが多々あります。以前有名なレストランで食べたステーキが美味しかったのですが、その後、その店の味が恋しくなり、もう一度食べに行ったところ、「なんだこの味は。お金返して」と言いたくなりました。多分、最初に行ったときはお腹ぺこぺこの状態だったのかも。
　しかし、中には例外があります。4年程度前、見た目は安っぽい感じでしたが、「手作りの生パスタ」という立て看板の、「生」という字に魅せられて入ったイタリアのレストランが非常にしびれる味でした。それから何度行っても、まさに「生」の味そのもの。第一印象の味はそのままです。ところが残念なことに、そのレストランが入ってる建物をリフォームするため店をたたむことに。その

素晴らしい味を味わうことができなくなりました。絶世の美女は3日で飽きると言われてます。その逆のおブスは3日で慣れると言われています。果たして、いつ食べても変わらない味、感動を与えるためには、どうすれば良いのか。

　皆さんは、毎日食べても飽きない味はありますか？　Kim pittは、ほとんどの果物が大好きです。しかし、神様に、果物の中から1つだけ選んで、毎日それだけを食べなさいと言われたら、迷わずりんごを選びます。聖書に出てくる果物であり、善と悪を区別するものでもあるからです。実際に、毎日必ず一個は食べていますが、全く飽きることはない、ひとつひとつに絶妙な味わいがあります。

　人間関係においても、毎日会っても飽きられない人になるためにはどうすれば良いのか！　考えてみましょう！

34．5つの法則

　人間関係を良くするには、次のような5つの法則があります。

　1番目はノックの法則です。相手の心の扉を開こうとするなら、先に自分からノックしなさいという意味です。先に自分のありのままの素直な姿を見せると、相手も自分の心の扉を開いてくれます。

　2番目は、鏡の法則です。鏡は絶対に先に笑わない。しかし、自分が笑うと必ず笑ってくれます。つまり、常に相手に対する配慮が必要だということです。

　3番目は、相互性の法則です。他人に好かれたいなら、自分からその人を好きになる必要があります。そして、自分のことが好きな人なら、他人のことも好きになります。しかし、世の中のすべての人が好きなのは精神的に変わった人かもしれません。

　4番目は、ロマンスの法則です。これは、自分がすると文化になり、他人がやると不倫になるという考え方です。つまり、世の中を自分中心に考えているということです。ひとりよがりな親切は、他人にとっては大変な迷惑になります。だから、相手を認め、相手の立場に立って考えることが大切です。

　5番目は、靴の法則です。靴は必ずカップルで役割を果たします。しかも、自分の足に合わないものは履けません。だから、性格が合わない人、または嫌な人とは無理に友人になる必要がないということです。性格が歪んだ人と無理に友人になったら、壊れるのは自分です。無視をするのも人間関係を良くするひとつの方法です。

35．皆さんにとってリンゴの木は誰ですか

　皆さんにとって幸せとは何ですか？　幸せは求めるものではなく見つけるものです。
　1964年に出版されたシェル・シルヴァスタインの「The giving tree」（和訳「おおきな木」）は、今までに30以上の言語に翻訳され、50年以上も世界各地で人々の手に取られているロングセラーです。Kim pitt がこの本を最初に読んだのは中学1年生ぐらいだったと思いますが、衝撃を受けました。少なくとも、Kim pitt の人格形成に影響を与えた本の中の1冊です。高校生、大学生、大人になってからも、原作や翻訳本を何度も読みました。その都度、自分の生き方を問われているようで考えさせられます。皆さんは、既に読まれているでしょうか？
　その内容はというと、リンゴの木と少年との友情、恋の物語です。共に遊び、心を通わせていたけれど、少年は大人になってゆくにつれて、自分の幸せのために、友人であるリンゴの木を上手く利用しながら生きていくようになります。少年にお金が必要な時は、木は自分の実を少年に提供し、金稼ぎに協力します。家を必要とすると、木は「自分の枝で家を建てなさい」と言い、枝を少年に提供。少年は枝をすべて使って家を建てます。成人して青年になると、悲しいことに遠くへ行きたいと言い出す。リンゴの木は「私の幹で舟を作りなさい」と言い、青年は幹を持って舟を造り遠くに行ってしまいます。木がどれだけ自分に恋してるかも知らず。(T．T)
　時が経ち、青年は年老いて帰ってきました。リンゴの木に、人生に疲れたので休む場所がほしいと言うと、木は「切り株の私に腰をかけなさい」と言います。男は腰をかけて休みます。自分のすべてを惜しまず与えた木は、それでも、かつての少年が側にいるので幸せだと感じます…。
　という内容です。皆さんにとってリンゴの木は誰ですか。親、ことに母親‼である可能性が高いですね。あなたが求めてる幸せとは何か⁉　それを手助けしてくれている人に感謝していますか⁉　そしてあなたは誰かのリンゴの木になっていますか⁉
　あなたの銀行の口座には毎日、1日も欠かさず86,400円が振り込まれるとします。しかし、このお金は、毎日、使い切らないと消えてしまいます。使わないと全額が消えてしまいます。実は、この86,400円というのは、86,400秒、つまり1日を秒で計算した数字です。今日は、この86,400秒のうち、あなたはどれだけリンゴの木となり、他人の幸せのために尽くすことができましたか？

もしくは、自分のリンゴの木になっている方に感謝する時間を過ごせたでしょうか？

36．だから、幸せじゃないんだよ

「皆さんは、勉強が楽しいですか？」
という問いに、はい、と答える子が、たまにいます。
「君、頭おかしいじゃん！」または、
「君Mかよ？　強いられることが好きなのだから、Mに違いないね（笑）」
と言うと一瞬、沈黙が流れるものの、意味が把握できた子は笑いが止まりません。最後まで意味が把握できない子もいるけど。(*^_^*)
　本当は、勉強は楽しいものです。どうやら、日本語の漢字が、「強制的な勉強」の始まりとなったようです。では、なぜ嫌がられるのでしょう。そこには、親、ことに母親の強い干渉と、いつの間にか勉強の結果を貨幣に変える社会になったからです。だから、みんな大学まで必死になっていこうとします。そのため高校までは、教育というよりは、「強制的な勉強」を必死にして大学生になるわけです。でも、大学生になると、バイトなどの勉強と無関係なことに夢中になってしまいます。無関係というと、反論があると思いますが、ここまで言い切れるのは、勉強や読書は、今じゃないとできないことだからです。もちろん、精神健康上、バイトも大切ですが、バイトがメインで講義に参加せずに、あらゆる手段を使って単位だけ取ればいいわけではないはずです。お金を稼げてもバイトで忙しく毎日過ごしているせいで健康を失い、性格も悪くなり、人間関係もできず、友達もいない。そんな人が将来的に社会に出てどう生きられるのか？きみにとって友達、ことに心友は何人いるのでしょう。学生に聞きます。
「君にとって友だち、ことに心友は何人いるのか？」
彼らの答えは、「数え切れないほどいます」
そこで、彼らに言います。
「人間関係、量じゃない。質だよ」
しかし、なかなかわかってもらえません。友情について、人間関係について、仲間意識について、何も学べていないから、学びへの意識も低くなってしまう。
「だから、君達は今幸せじゃないんだよ」ということを。

37．これが人生なら、
　　もう一度今の人生のまま生きたい

　「死」は宿命なのか、解放なのか！　永遠の謎。あなたは、そんな「死」を前に、この世に最後に残したい言葉は何ですか？　考えたことはありますか？
　かの有名なソクラテスは、毒薬を飲まされて、臨終の真際にアスクレピオス（医学の神）に
「雄鶏一羽の借りがある」
と言い残しました。この意味の解釈はここでは割愛します。
　室町時代の僧、一休さんは、他界前に
「大丈夫、心配要らない、何とかなる」
と言ったそうです。
　現代版に戻します。2005年帰天されたローマ教皇ヨハネパウロ2世は最後に、
「私は幸せです。皆さんも幸せでありますように」
と言い残し、息を引き取りました。あなたなら、何を言いますか？　ほとんどの人が考えたことがないでしょう。なぜなら、まだ自分とは縁の遠いものだと思っているから。
　私たち人間は、生きていくためには、誰もが必ず何かの命を犠牲にしなければなりません。野菜しか食べないベジタリアンであっても、野菜という命を犠牲にしないと生きていけません。つまり、自分が生きるためには数え切れない命を犠牲にしているにもかかわらず、自分の「死」については考えていないのです。誰もが、格好いい言葉を残し、格好いい死に方をしたいと思っています。そのためには、美しく、清く、尊く生きる必要があります。
　しかし、格好良く生きる、つまり、美しく、清く、尊く生きるとは、どういうことなのか!!　それはそれぞれ個人によって基準が異なります。誰もが輝かしい生き方をしたいです。とはいえ、中には過酷な運命を背負わされて、最後に自分の人生を呪いたくなる人もいるかもしれません。しかし、もし自分の人生が過酷な運命であったとしても、自分に対する尊厳を守れば良いのです。そうすれば、輝かしい人生を送ることができます。
　とにかく上手に生きるためには、死ぬ日まで「自分自身に対する無限な信頼」と「自分自身に対する無限な愛」が必要です。それに、自分自身の尊厳性を守ることです。そうすれば、人生の最後に
「これが人生なら、もう一度今の人生のまま生きたい」

と言えるかもしれません。

38．生きることには、Live、Love、Laugh、そして Learn の意味がある

　最近までは、どう生きるべきなのか⁉　ということに関心がありましたが、年のせいなのか、どう死ぬべきなのかを深く考えるようになりました。「死」だけは、全能な神様も避けることができなかったわけです。
「善（よ）く生きることは善（よ）く死ぬこと」
につながります。
　哲学者らによって問われているのは、死は壁なのか、扉なのか！　ということです。その計り知れない境界を一度渡ると、誰も二度とこちらには戻れません。または、死は終わりなのか、始まりなのか。いずれにせよ、ワンウェイです。我々が毎日一生懸命に生きることは、善く死ぬためであり、生きることは死を準備することなのです。
　ドイツの精神科医のエリザベス・キューブラー・ロス（1926-2004）が、ホスピスで、インタビューした内容をまとめた「ライフ・レッスン」（和訳：人生授業）の文献の中で、生きることはチャンスであり、美しいことであり、遊びです。と言っています。また、生きることには、Live、Love、Laugh、そして Learn の意味があるとも言っています。皆さんは、これら4つのために、一日のうちどれだけの時間を費やしているでしょうか。
　日本でも大津秀一も「死ぬときに後悔すること２５」のなかで、
1　健康を大切にしなかったこと
2　たばこを止めなかったこと
3　生前の意思を示さなかったこと
4　治療の意味を見失ってしまったこと
5　自分のやりたいことをやらなかったこと
6　夢をかなえられなかったこと
7　悪事に手を染めたこと
8　感情に振り回された一生を過ごしたこと
9　他人に優しくなかったこと
10　自分が一番と信じて疑わなかったこと
11　遺産をどうするかを決めなかったこと

１２　自分の葬儀を考えなかったこと
１３　故郷に帰らなかったこと
１４　美味しいものを食べておかなかったこと
１５　仕事ばかりで趣味に時間を割かなかったこと
１６　行きたい場所に旅行しなかったこと
１７　会いたい人に会っておかなかったこと
１８　記憶に残る恋愛をしなかったこと
１９　結婚をしなかったこと
２０　子供を育てなかったこと
２１　子供を結婚させなかったこと
２２　自分の生きた証を残さなかったこと
２３　生と死の問題を乗り越えられなかったこと
２４　神仏の教えを知らなかったこと
２５　愛する人に「ありがとう」と伝えなかったこと

をあげています。これが日本人の平均的な意識と言えます。こんなのいらないと思える項目もあるだろうけれど、それは死に直面した人間の愚かさからではないかと思います。

　善く生きることとは、その終着駅がどこであれ、受け止めることです。ある意味、自分の終着駅がどこなのか知らないから、人生は素敵なのではないでしょうか。切なく思うのは、勝手に途中下車する人たちです。急ぐ必要はありません。鈍行に乗ってゆっくり行きましょう。あなたが生まれた時にあなただけが泣いて、周りの皆さんは笑いましたが、善く生きれば、あなたが死ぬ時は、みんなが泣いてあなたは微笑みを見せながらあの世に送られます。目の前に形としてあるもののすべてがあなたへのプレゼントです。だから、自分が人間であることを認識し、死ぬ日まで月曜から日曜まで、善く生きましょう。

39．あなたは、この世に望まれて生まれてきた大切な人

　日曜日のミサの前に、たまに暇つぶしでくじ引きをします。くじ引きと言っても宝くじではなく、御言葉のくじです。心のくじとも言えるでしょう。
　今日引いたのは、マザー・テレサ（1910-1997）の言葉
「あなたは、この世に望まれて生まれてきた大切な人」

読んだ瞬間、心底に響きました。
　「テレサ現象」という言葉が脳裏に浮かびました。「テレサ現象」とは、マザー・テレサが病人の看護をしている映画を見ることにより、人の免疫力に影響を与え、免疫細胞の量が増加し、免疫力が高くなることです。それだけ、彼女の愛のパワーはスゴすぎる！　ということです。そのパワーがほしいですね。そのパワーを、今の学校教育に活用できないのか!?　いじめ、不登校、暴力といった最近の教育弊害を、マザー・テレサパワーで何とかしたいです。そのパワーを通して、子どもたちはもちろん、大人たちに、自分らが「この世に望まれて生まれてきた大切な人」であることを、認識させたいです。

40．水泳を学んだらいかがですか

　非常に仲が良いご夫婦がいました。ある日、妻が夫にたずねました。
「あなたは、ご両親、私、子どもが水に落ちた場合誰から助けるの？」
夫は、迷わず、
「両親」
とこたえました。夫人は心の中の怒りを堪えながら、次は当然自分だと思い、
「次は誰を助ける？」
とたずねました。しかし、夫は、
「妻は再婚すれば、またもらえるから、当然子どもだよ」
と言いました。夫人は夫の言葉に大きくショックを受け、夫に裏切られたという思いから無気力になり、「うつ病」にかかりりました。夫人は治療のために、号泣しながら精神科医にその話をしました。号泣している夫人に、精神科医は言いました。
「奥さん、そんなに悲しまないで、水泳を学んだらいかがですか」
上手くいかないことで自分を責めないで、発想や考え方を変えると、こたえは見えてきます。

41．とにかく笑ってごらん！

　毎回講義が始まると、いくら広い教室であっても、必ず教室をひと回りします。
「元気だった？」「一週間どうだった？」
などなど、学生全員に声をかけます。そうすると、明るい顔で、元気良く、

「元気でした」「ＯＫです」「はい」
といった返事が返ってきます。しかし、無表情で何も言わない、または首だけ上下に振るなど、目を合わせず形だけの学生も少なくないです。すると、彼らに、必ず言います。
「君（大体は名前で）、しゃべれない？」
「人が挨拶しているのに偉そうに何、その仕草？」
「無理でもいいから笑ってごらん！」
と投げかけます。
　私たちは、楽しいと笑います。これは笑うと楽しくなるとも言えます。笑うと口角が上がり、魅力的な人に見えます。
とにかく、微笑みを通して、自分の性格を明るく、肯定的に、プラス思考（志向）にしましょう。辛いこと、悲しいことを思い出すと、気分が悪くなり暗くなります。そうしていると、性格が慢性的に暗くなります。悲しいこと、辛いことまたは、悲しかった、辛かったことを肯定的にとらえ直すのです。
　心の余裕がなくても、とにかく笑ってごらん！／挨拶してごらん！　心がリラックスをし、幸せな気分になれるはずです。

41．うるさいわよ、あたしが降りる

　地下鉄の中、最近はまっているゲームに夢中になっていたら、いきなり誰かに肩を強く叩かれました。何かの間違いだろうと思い無視していましたが、再び叩かれたので顔を上げて見ると、明らかに
「あたし、オバタリアン」という感じでした。
Kim pitt「どうか、されましたか。私が何か！」と聞くと
相手「やめてよ」
Kim pitt「何をですか」
相手「それ」
Kim pitt「それって何ですか」
相手「それだよ、それ、携帯」
Kim pitt「これのことですか、携帯じゃありません。ゲーム機ですが」
相手「あっ、そう、なら、いいわよ」
Kim pitt「あっ、そう、じゃないでしょう。電車の中でのマナー違反に対して言えるあなたの勇気は評価すべきだけど、ちゃんと見てください」

相手「うるさいわよ、そう見えたならしょうがないんじゃん」
Kim pitt「ちょっと、そんな言い方ないでしょう」
こうして言い合っているうちに、電車が次の駅に止まりました。すると、その方がKim pittに、
相手「あ〜もう煩わしいから、あんたここで降りなさい」
Kim pitt「はぁ、なんで僕がここで降りなければならないの？ 次の駅まで行くんだけど、それに、あなたなんで逆切れするの？」
相手「うるさいわよ、あたしが降りる」
といい、電車から降りてしまいました。果たして今のオバタリアンは、社会のルールをどれだけ守っているのだろうと、嫌な一日になってしまいましたが、良いお勉強になりました。

42．1人に感謝され、お返しがあれば御の字

　人間、怒りを抑えきれないと、取り返しのつかないことになります。なぜ、人間は怒るのか？
　まず考えられるのは、誰かに無視されたときです。恋人に、親に、子どもに、友人に、上司に、部下に。とにかくあらゆる人間関係においてです。あるアンケートによると、人間は家族や恋人に無視されたときに、最も怒りを感じるそうです。
　次は嘘をつかれたときも怒りが込み上げてきます。世の中で嘘が上手い人は、政治家、なかでも国会議員だと言われていますが、子どもも全く悪気なく親（母親）によく嘘をつきます。しかし、その嘘は本当に小さいものです。とはいえ、親（母親）は子どもに嘘をつかれると怒りを感じ、過剰な怒り方をしてしまうケースも少なくありません。また人間は、危機に陥った際に特に嘘をつきやすくなります。
　知らない誰かが自分についての悪口を言っている噂を耳にしたときも、怒りを感じます。そして、いろいろしてあげたのに、見返りがない時もそうです。特に自分が困っているときはなおさらです。しかし人間は、誰もが自分が優しくしてあげたことは覚えているけれど、嫌な思いをさせたことは覚えていないものです。だからこそ、人間なのです。仮に、困っていた人10人にあなたが恩恵を与えたとして、そのうちの1人からでも、感謝され、何らかのお返しをもらえれば御の字です。
　自分の判断が正しいと思っていたのに、それが否定されたときも怒りを感じ

ます。これは、自分が一番である（一番は自分という考えとは違うけれど）と思い込んでいるからです。例えば、ある先生が自分の講義は名講義で、受講者のみんなにいつも好かれているという思い込み…。危険です。というのは、ほんの数名から批判されただけで怒りを感じ、悲しくなり、傷つき、うつになり、自殺に走ります。これは児童や生徒らにもよく見られることで、行き過ぎたほめ言葉が、生意気な子どもを育てやすいのです。過剰な称賛で人間は錯覚に陥り、そこから人間の不幸が始まります。だから、Kim pittは、ほめることより、励ますことを心がけています。

　人間の不幸は、人に認められたくなった瞬間から始まります。ちなみに、Kim pittは7割の受講者が満足すれば、それは名講義だと思います。すべての人に認められなくても失望する必要はないのです。あなたのことが好きな人は必ずいます。一方、あなたのことが大嫌いな人もいます。その嫌いな人が全体の人口の何％になるのか。ほんのわずかな人のことで、自分の人生を台無しにする必要はあるのか!?　他人に評価されることだけがすべてではありません。すべてを良くしたい、完璧にしようとすると、その人の人生は壊れます。

　怒りというのは最初は小さい火花だけれど、それが燃え移りダイナマイトのような威力を発揮し、爆発するわけです。だから、爆発する前に、その火の種を消し止めなければなりません。実は、それはちょっとしたことで可能になります。一回だけ我慢すれば、忍耐すれば、飲み込めば、いいのです。しかし、言うのは簡単ですが、なかなか上手くいかないものです。常に我慢強く、辛抱強い人でも、ある瞬間我慢ができず、爆発することがあります。一回頭を下げれば良かったのに――と後で後悔するのです。

　怒りたくなったら、1から10まで数えてみませんか。つまり息を整えることです。と言いつつも、Kim pittもこれができなくて、数え切れないほど苦い経験をしているのです。

43．自分がいなければ何もない

　心理学者の知り合いによると、美人は心の病気になりやすいそうです。もちろん例外もありますが…。これを読まれているあなた、「もしかして、あたしのこと？」と思っていませんか？　ご判断はご自由に！（笑）

　しかし、Kim pittは、「美人」だけでなく、「善人（優しい人）」も心の病気になりやすいと思います。それはなぜなのか？

美人や善人の中には、周りを気にし過ぎて怒り出すことができません。そして、怒りたくても怒り方を知らない人が多いと言われています。怒りを発散できずに一人で悩んでしまうことから心の病気になるわけです。

では、怒りを感じた時にどうすればよいのでしょう。沈黙を守るよりは喧嘩した方が善いとは思いますが、それよりも、その怒りを払拭することです。具体的に、どうすればよいのか？　まず、息を整えることです。生きるためには息をしなければなりません。息をすることで体循環は正常に行われます。どうりで怒っているときに、息が苦しくなったり、息が詰まりそうになる訳です。もし仕方なく喧嘩になってしまったら、喧嘩をしながらも、しっかり息をすることを忘れないでくださいね。

44．大切なのは、蝶になれた、なれなかったではなく、蝶になろうとしたかです

皆さんの中には幸せではないと思っている人もいるのではないでしょうか。なぜ、幸せではないと思ってしまうのか？　それは心に余裕がないからだと思います。皆さんは今の生き方に満足していますか？　自分自身のために生きていますか？　もしかして、他人のために、つまり他人を満足させるために生きているのでは？　または生きてきたのではないですか？

幸せになるためには、まず、心を豊かにすることです。心が豊かにならない理由は、常に、他人と比べて自分は何が欠けているのかを考えてばかりいるからです。それよりも、自分にあるものは何か、昨年と比べてどう成長できたのかを考えてみてください。自分のためにどれだけ生きてきたのか見直してみましょう。

「私は私の人生の主人公になっているでしょうか？」

心を豊かにするためには、「I love me」「I see me」になることです。これは決してナルシストになれということではありません。よく人生は、蚕が蝶になり、飛ぶことに例えられます。しかし、ここで大切なことは、蝶になれた、なれなかったではなく、なろうと努力したのかどうかです。

Kim pitt は、アスリート有森裕子さんが大好きです。

「初めて自分で自分をほめたいと思います」

という名台詞を残しました。これは、1992 年バルセロナオリンピックで銀メダルを取り、1996 年アトランタオリンピックで銅メダルを取れたことへの感想の

言葉でした。

　自分で自分をほめることができる人は、自分とのコミュニケーションがしっかり取れているということ。自分とのコミュニケーションを取り続けることは、幸せになるための土台づくりとも言えます。

45．善い生き方をするためには、　　もう少し生意気になりなさい

　皆さんは、やりたいことをやりながら、生きていますか？　それともやらなければならないことをやりながら生きていますか？　ほとんどの人がやりたいことよりやらなければならないことをしながら生きていると思います。それは、社会の仕組みに合わせるためだけではなく、やりたいことを見つけられてないからではないでしょうか。

　話を聞くと、親の反対でやりたいことができないという若者も少なくありません。「いつまでも親に言われるまで生きたいのか？」と聞くと、経済的な理由で、親に言うように生きざるを得ないとのことです。「いつまで他人のために、親のために生きたいのか？」若者に接すると、自分で答えが見つけられないでいる子がたくさんいます。答えが見つからないから、生き方がわからないわけです。

　「善い生き方をするためには、もう少し生意気になりなさい」
と言っています。でもなかなか伝わらないです。決してマナーや行儀が悪いことをしろと言っているわけではないのに！

　人間は、良い答え方をする人より、良い質問をする人の方が伸びます。良いこたえは、ソクラテスやプラトンや孔子などが言っていること。良い質問とは、彼らの思想に基づき、自分の言葉で生きるということです。良い質問をすることは善い生き方をすることにつながるのです。良い質問をするための秘訣は、作文の練習をすることです。作文をするとやりたいことが浮かんできます。また、声を上げて本を読んでみることです。専門書籍や小説などは音読が厳しいけれど、詩やエッセイなどが丁度いいでしょう。音読は自分の体に刺激を与え、良い発想や自分探しに役立ちます。

　教育基本法に基づく、「国家及び社会の形成者」として生きることも大切だけれど、少々生意気になって、「私」を生きなければ意味がありません。しかも、隠れてやらずに堂々と生意気な自分を出すべきです。

46．おじさんたち、だらしなさすぎる

　中央官庁が多いとある駅で、駆け込み乗車のおじさんがいました。そのおじさんが扉に挟まれて再び扉が開かれましたが、挟まれて相当痛かったのか、目の前にいた駅員さんに、「なんだ、痛いじゃないか」と、逆切れして暴れていました。駅員さんは何も言えず。(T．T)
　だいたい、ああいうおじさんたちの悪いくせは、上司とか、上の人にはぺこぺこして何も言えずに弱い態度を取るのに、感情労働を強いられてる人に対して偉そうな顔をすること。
　Kim pitt は、ひと言言わせてもらいました。
「あんたが悪いんだよ、わかった⁉」
すると、急に静かになり、黙っていました。Kim pitt は、「ざけんじゃないよ」と心の中で叫びました。最近の若者より、おじさんたちの方がだらしなさ過ぎます。それに、コミュニケーション力も全く欠けいてます。おっさんらよ、若者のことだけ悪く言うのはよしなさい。
「汝、自らを知れ」
というソクラテスの言葉の意味を考えるべきです。

47．人を憎まないことを習慣づけると、人生は楽しくなる

　失礼な表現だけれど、Kim pitt は、なぜか心の病んだや、変人、奇人に好かれます。はた目には、Kim pitt の方が心が病んだ、変人、奇人に見られるかも知れませんが…。
　教会でよくお話をするおじさんがいます。おじさんといっても、年齢も、名前も、国籍もわからず、Kim pitt とだいたい同じ年齢？　普通に日本語でコミュニケーションを取れるので日本人かもしれません。しかし、彼が少なくとも、教会で他の誰かと話してるのを見たことがありません。でも、教会には休まず毎日来ています。
　今朝も、御ミサで一緒に。御ミサ後、早く外に出ようとしましたが、Kim pitt の後を追う感じて早足で来て、何か話したい様子。
Kim pitt「どうしたの⁉」と聞くと、
おじさん「俺困ってる」

Kim pitt「なんで!?　何があんたを困らせているのか!!」
おじさん「今日、教会に嫌な人が来てるから、嫌なんだよ」
Kim pitt「なんだ嫌なだけで、困ってないじゃん。でも、あんたのことが嫌いで教会に来ない人もいるかもよ。また、あんたのことが嫌いで教会に行かないという人が大勢いたなら、神父さまと、あんたと、僕だけになるかもよ。そうだろう!!」
と言うと、とても素直な人のようで、
おじさん「そうか、そうか。それは知らなかった」
Kim pitt「じゃ、また、明日ね」
そうして、明日を約束しました。やはり、人とのコミュニケーションは面白いですね。
「だれでもわたしを愛するならば、わたしの言葉を守るであろう。そして、わたしの父はその人を愛し、また、わたしたちはその人のところに行って、その人と一緒に住むであろう」(ヨハネによる福音14章23節より)
　人間、すべての人を愛することはできなくても、人を憎むことは癖になります。そんな人生は疲れます。人を憎まないことを習慣づけると、人生は楽しくなり、コミュニケーションも上手く取れますよ。今日も、人を憎むことなく、楽しく1日を生きましょう。

48．少子化から考える

　皆さんは、いつ結婚される予定ですか？　または、いつ再婚される予定でしょうか。(*^_^*)　この国の少子化を食い止めるための提案をしたいと思います。
　日本の初婚の平均年齢が高齢化しいてますね。大手R社によるデータによると、2014年においては男性は30.9歳・女性は29.3歳が平均初婚年齢となっています。前年の2013年と比べると、それぞれ0.1歳のプラス。1950年と比べると、約5歳ほどのプラスとなります。このままでは、平均初婚年齢は数年内に40歳になる可能性があり、出産率は限りなく0に近くなります。しかも、自分の子どもではなく、お孫さんをつくる感じになります。
　何故、こうなったのでしょう。間違いなく、結婚費用をはじめ、経済的な負担が大きな原因といえます。2013年、結婚費用の平均は総額443万8000円。中でも一番高額なのが、挙式、披露宴・披露パーティの340万4000円で、総額の8割近くを占めています。次に高額なのが新婚旅行。まあ、新婚旅行なら、

納得できます。

　しかし、一つ疑問に思うのが、あれだけ死ぬ思いをしながら就職し、職場によっては卑屈にも腰を曲げて上司にペコペコしながら働き稼いだお金を、なぜ、あんな風に結婚式の費用につぎ込んでしまうのか!? 本当に今の社会は狂っています。まるで結婚式のために働き、生きているようです!! 我々は、貨幣の奴隷になってしまったのです…。

　就職後、結婚式の費用や生活費のためあくせく働いているけれど、自分の青春はどうなっても良いのか。このまま死んでいって良いのか！ 一生懸命に働いて、お金は稼げたのでしょうか。その分幸せになったのでしょうか。

　ここで考えてみたいのは、古代から江戸、明治、大正、昭和前期、戦前の結婚式はどうだったのかということです。周りの人にお祝いをいただき、末長く幸せにという願いから、お蕎麦でお祝いをする。そんなつつましい結婚式だったはずです。だから、深大寺の蕎麦が有名なわけです。昔は皆、20歳前後に結婚していましたが、経済的に困り、餓死した人はいなかったと思います。

　今の日本の法律では、18歳にならないと自由に結婚できないため仕方ありませんが、高卒で就職した人は、2年間基本的な社会のしくみについて学んだ後20歳に結婚し、大卒で就職した人も、卒業した2年後、24歳で結婚することをオススメします。もちろんこれは社会一般論で、性的好みの問題は別です。結婚を意識したときに、なぜ経済的なことを先のことまで心配するのでしょう。昔はそんな社会ではありませんでした。

　また、結婚式はホテルじゃなくてもいいし、披露宴も高級レストランでなくてもいい。結婚指輪だってダイアモンドじゃなくても、いいでしょう。一生に一度しかないことだから派手にやりたい気持ちもあると思うけれど、そもそも一度しかないと言い切れますか？ 結婚式場の売り上げに貢献する必要はありません。

　東洋医学によると、男性は16〜18歳、女性は14〜16歳が、精子や卵子が元気で、最も活動が旺盛です。しかし、働き過ぎて身も心もボロボロの30歳の精液は20歳前後のネバネバで粘り強いものではありません。米のとぎ汁みたいになってしまってからでは、妊娠の確率も当然ながら低くなります。とにかく、元気な時じゃないと、少子化に貢献できない。君が人類に貢献できるのは、子づくりからです。

49．宇宙人だから、地球に住む資格はない

　皆さん、今まで学校に入り、教育を受け始めてから、点数で計算されることのない自分だけの固有のものを持っていますか？　すべてが、点数や数字で表され、そして判断されがちですが、点数や数字で表すことなく、自分だけの物語を書けますか？

　今まで自分は何のために生きてきたのか振り返ってみましょう。出世のために、就職のために、お金のために生きてきたという人もいるのではないでしょうか。自分を生きているのではなく、人生のエキストラになってしまっていないでしょうか。

　命をかけて何かに熱中したことはありますか？　如何に生きるべきなのか、悩まずに、とりあえずよい企業に就職し、お金持ちになるために生きている自分はいませんか？　点数や数字ばかり気にしながら生きていないでしょうか。それで上手くいかないと、頭が悪いから、ブスだから、何かのせいにしている自分がそこにいませんか？　誰かのせい、何かのせいと、言い訳ばかりするのなら、あなたは宇宙人だから地球に住む資格はありません。

　考え方を少しだけ変えれば、世の中、バラ色になります。今から、誰か、何かのために尽くす人生ではなく、自分の青春や人生にかけて生きましょう。

50．人生を楽しもう

　最近は、人が殺されたという記事が当たり前のようになり、そうした記事を読んでもあまり気にしなくなってきました。Kim pittは、明治期の教育を研究していたので、大学院生のときから明治期の新聞や雑誌などをよく読んでいました。読みながらよく笑っていたのが、社会面が洪水により牛が流されて死んだなどの記事で飾られていたことです。もし昔の人々が生き返ったとしたら、今の世の中を見て狂ってしまうかも。

　最近は特に実子が親を、実親が子を殺す猟奇的な事件が多発しています。中でも、実の親、しかも母親による「虐待」の犠牲になって命を落とす乳・幼児、児童問題が大きな社会問題となっています。それだけ、育児の大きな壁にぶつかり、もがいている母親が多いのではないかと思われます。子どもが事件に巻き込まれて亡くなる約7割が実の親が関係していると言われています。しかも、1歳になる前に犠牲になる赤ちゃんが最も多いらしいのです。子どもの出産と

いう神様からの恵みをいただき、幸福なはずなのに、何が彼女らをそこまで追い込んでいるのでしょう。

その理由として、父親が誰なのかわからないケースや、内縁の夫との関係、育児放棄、育児ストレスなどがあげられます。親になる資格のない人が親になるから、そうなるのだという意見も少なくありません。親が成人になってない状態で、つまり子どもが子どもを産んだからだという意見もあります。しかし、Kim pitt は、これらの意見に異議あり。10代に赤ちゃんを産んでも、立派に子を育てあげている人も少なくないのです。

人は、いかなる場合において最優先すべきことは命です。そうしなければ、自分の人生も、子どもの人生も、台無しになります。育児に疲れてる親達、ことに母親。疲れた時は、焦らず、絶対にあきらめないこと。常に感謝する気持ちで生きることの大切さを思い出すこと。自分の人生だけではなく、子どもの人生をこのまま終わらせるのは、残酷すぎます。

51．我慢することに慣れている

日本人は我慢することに慣れていると思われています。あるいはあきらめることに慣れてしまっているとも言えるでしょう。もしくは、「慣れさせられた」と言った方が正しいかもしれません。

Kim pitt の目には、日本人は「日常生活の苦しみに耐える人々」というように映ります。なぜかというと、苦しみに耐えることや忍耐力を高めることが美徳と考えている日本人が多いと感じるからです。辛抱強くする、我慢することで、何となく自慰しているように感じるのです。

あえて自分を窮地に追い込んで苦しめたり、実現の可能性の低い目的に挑戦したり、「苦痛」を伴うことをすることで、「努力」していると思われるのです。その苦痛を伴う努力は、「一度やり始めたら決して投げ出してはならない」と考えられていますが、怖いもので、人間の欲求は次から次へと変化します。したがって、私たちが楽しく生きるためには、その欲求の変化に応じて、学習であれ、仕事であれ、遊びであれ、可能な限り変えてゆくべきなのです。

「この道一筋うん十年」と言われるように、一つのことに徹することが美徳という考え方が、日本にはかなり根強く存在しています。小学生の頃から、道徳の時間や朝礼などで何度も「一心不乱に一つのことに打ち込む人間の姿ほど美しくかつ尊いものはない」といった精神的訓話を聞かされたことが影響してい

るかもしれません。こうした考え方は、日本人の労働観にも影響を与えていると思います。

52．働くことは美徳なのか

　ある意識調査では、日本人の半数以上が「働くことは美徳です」とこたえています。また、働くことは「傍（はた）の者を楽にさせる立派な行為です」と主張する人も少なくなくありません。

　国語学上は「働く」の意味は「動く」であり、同じ漢字文化圏の中国や韓国には「働」という漢字がなく、「労働」といいます。つまり、韓国や中国では、働く＝動くという意味なのです。

　欧米人の労働観は、旧約聖書の「創世記」から垣間見ることができます。食べることを禁じられた果実を食べたアダムとイブに対し、神は罰として労働を与えているのです。英語の「business（仕事）」の語源は「busy（忙しい）」であり、また「labor（労働）」の語源は「難儀」で、フランス語の「トラバーユ（働く）」はラテン語の「トリパーリアーレ「拷問する」」です。ちなみに、英語の「トラベル（旅行する）」もこのラテン語が語源であると言われています。旅は実は苦しいことなのかも（笑）。だから、昔から人生について学ぶためには旅に出ろと言われていたのかもしれませんね。（岡本昌裕「快感原則論－楽しく生きる」の中から。日本図書刊行会、1997）

　こうした点だけをみると、欧米人は労働を苦痛として考えていて、「労働は美徳です」という考え方はないと言えます。旧約聖書の中で「職業労働」を意味するヘブライ語には元来「使命」という厳粛な意味がありました。少なくとも欧米人はキリスト教の影響を受け、職業は神から与えられるものであり、神に喜ばれる生活を営むための唯一の手段は勤労であると考えられています。

　また、「仕事」・「労働」・「職業」を意味する英語は、vocation や business、labor 意外にも、carrier, calling, job, work, occupation, profession, などがあります。このうち vocation と calling はともに「神からの召命：（神に呼び出され救われること）」という意味で、労働とは「神から与えられた使命」として見られています。この vocation、英語の Voice（声）からきています。そのせいか、就職の際の面接では、声の質や大きさが評価の対象とされるとも言われています。

53．好きな人は、肯定的なマインドの人、ポジティブなマインドの人、明るいマインドの人

　善人と悪人との違いについて、思い浮かんだことをまとめてみました。
善人は自らが天使になろうと努力する。ある意味天使にコンプレックスがあるのかもしれません。悪人は自らが天使だと思い込みます。
善人はプレゼントをすると、明るい顔で受け取り、感謝の言葉を述べます。悪人はプレゼントをすると、仏頂面で何も言わず受け取り、酷い場合は他のものに交換できないか、などと文句を言います。
善人は人の長所だけを口にし、常に肯定的なことしか言わないです。悪人は口を開けたら、常に人の短所を言い、否定的なことしか言わないです。
善人は人に酷く言われても相手に何も言わず、自分のせいにして自分のことを責め、1人で抱え込んで泣き、傷つきます。こんな人はいくら善人であっても、友達になってはいけません。疲れるだけです。悪人は人に何か少しでも意見されると、激しく文句を言う。このような人は危険なので、関わらないこと。だいぶ重症なので、死ぬ日を待つしかないです。
　こうしたことから、Kim pitt は、悪人が嫌いなのはもちろん、善人も好きじゃないのです。Kim pitt が好きな人は、肯定的なマインドの人、ポジティブマインドの人、明るいマインドの人、誰かのために生きるマインドの人です。

54．あなたは家族に、どう登録されてますか

　講義途中、雑談力のトレーニングが始まりました。ある女子学生が、
「センセー、ちょっと、聞いてください」
内容は次のようなことでした。
　ある日、親の携帯の中身が見たくて、母親の携帯を見たところ、なんと、女子学生の番号の名が、「怪物1」となっていたのでビックリして、妹の番号を見てみると、「怪物2」となっていたそうです。かなり衝撃が走ったとか。(*^_^*) でも、高校生の妹さんには、まだ、話してないとのこと。ちなみにお兄ちゃんの番号は、「我が家の宝」と登録してされていたとか。お母さんに、そんな風に思われているなら、お兄ちゃんの意思とは関係なく、間違いなく、マザコンにさせられる確率 90% 以上 (*^_^*) ですね。
　あるアメリカの研究者は、「なぜ？　日本の若い男性に引きこもりが多いのか」

という疑問に、マザコンが多いからと、結論を出しました。(なるほど!)
　先ほどの女子学生。今度は父親から自分がどう思われてるのか知りたくなり、父親が入浴中に、携帯を見たらしいです。
すると彼女のことは「愛しいプリンセス1」、妹さんは「愛しいプリンセス2」。お兄ちゃんはただ下の名前で登録されていたのだそう。一方、「悪女」という登録名には、お母さんの番号が入力されていたとか。ちなみに、お母さんの携帯には、お父さんは「バンク」という名で登録されてるらしいです。
　変な家族のように思われるかもしれないけれど、彼女の話を聞きながら、「家族愛によって結ばれてる家庭だなぁ」と思いました。ところであなたは、家族にどう登録されていますか?

55．生きたい

　人間、誰もが生きたいと思っています。生きていこうとするのは人間の本能的な衝動です。しかし、ただ、生きたいのではなく、生き続けたい、より人間的に善く生きたいという欲望は、古代ギリシャのソクラテスやプラトンも求めたことです。人間の欲求は動物の欲求とは異なるものなのでしょうか。
　アメリカの心理学者アブラハム・マズロー (1908-1970) によると、人間の欲求は5段階からなるといいます。その1段階の欲求は、生理的欲求、つまり生きる上で根源的な欲求です。最後の5段階は、自己実現の欲求です。つまり、自分の感覚や思想を創造的活動で表現したということです。
　自己実現とは、人間らしい生き方とは、善く生きることとは何なのか?　みんなで考えてみましょう!

幸せを求め
青春を生きる

1．4200円はもったいなくない

　遅い時間帯の講義が始まると、3年生の男子生徒がKim pittに近寄り、
「先生、今日これから帰ります。講義は休みます」と言いました。
Kim pitt「どうしたの！」
男子生徒「サークルの懇親会があるので、3000円払ったから、その金がもったいないから」
一瞬返す言葉が見つかりませんでしたが、冷静になって、
Kim pitt「君は自分が払った3000円がもったいないというけれど、親に払ってもらった4200円はもったいなくないの？」
男子生徒「どういうことですか？」
Kim pitt「君、この90分にいくら払っていると思う？　しかも、教職課程は登録費を別料金でうん万も払ったんだろう」（そこは工学部だから、学費が高いのです。以前、学生に授業料が90分いくらになるか計算させたことがあり、金額を覚えていました）。
Kim pitt「懇親会には遅れて行っても生ビール1、2杯は飲めて、正確な金額は言えないけど、1000円程度は元は取れるじゃん。でも、この講義は休んじゃうと、何も残らないよ。ゼロだよ。親の気持ちを考えろ」
男子生徒「先生、今の話、すごくわかりやすい、俺、講義受けます」
その子は講義の後、
「本当にありがとうございました」
と挨拶にきました。
　コミュニケーションを取るのは、そんなに難しいことではありません。改めて教え甲斐を感じる一日でした。

2．人間にとって最大の宝は友だち

　Kim pittが大学生だったとき、朝から雨の日は自主休講していました。雨の日は昼頃から映画館に行き、映画を2本観ると、ちょうど夕方になります。それから友だちを誘って、飲みに行きました。人間にとって大切なことは、自分が最も助けを必要とする緊急のときに、必ず来てくれる友だちを作ることです。
　雨の日の映画館は、恋心によく似合う素敵な雰囲気に包まれます。映画館に行ったけれど、映画がつまらなそうだったら図書館に行き、当時憧れていた教

育思想家を真似しようと、彼らの作品の精読に陥ります。その後飲み屋に誰かを誘い、そこでその日に読んだ思想家について友人に語ります。たまには、ほかのテーブルの若い人らと友人の輪が広がり、いろんな話をしていました。授業料を払わなくても、大学の訳のわからない先生の講義内容を聞くより、意味深いいろんな知識が手に入りました。

　今の大学生は、出席のために大学に来ているかのような気がします。
中には、読み取り機に学生証をかざして出席確認を代理でしてもらう「ピ逃げ」の学生も少なくないです。
一方で、彼（女）らには、休まず出席するものの、「居眠り」か「私語」の常習犯もいます。
「君は風邪も引かないのか、たまには風邪でも引いて休んでもいいよ」
と言っています。しかし、Kim pitt が言わんとしていることがなかなか伝わりません。意欲はないけれど、私語をする元気はあふれています。しかし、その内容を聞いてみると、バイト、遊び、ファッションのことなど、講義中に話さないといけないほどの意味のある話ではないのです。

　講義の際に、若いパワーをもらいたいと期待している気持ちは、いつも裏切られます。それどころか、逆に Kim pitt の元気を吸い取られています。彼（女）らの頭の中には、バイト、遊び、就職のことでいっぱいです。でも、卒業と同時に就職できたとしても、すぐにやめる人が多いのが現実。その理由は何なのでしょうか。

3．なぜ、就職後、すぐに職場をやめてしまうのか

　就職後、すぐに職場をやめてしまう理由はさまざまなことがあるけれど、そのひとつは体を張って体験したことが少ないからではないかと思います。大学生、青年期をいかに過ごすべきかで人生が決まりますが、彼（女）らは自ら自分の生き方を決めず、マニュアルやシステム、親（ことに男性は母親）に言われるがままです。または、グーグルなどの検索によって基準を定め、ひいては、自分の生き方まで決めてしまいます。

　そして、何かを学ぼうとすると、すぐに SNS にその知識を求めます。大学の教職課程に在籍しながら、それなりに名の知られた塾のようなところに通う学生さんも少なくないです。それについては、大学の教員が役割を果たせていないことにも責任があります。昔は、そんな塾のようなところはなかったし、若

者自らが「勉強会」を組織して学びあっていましたが、今はそれができていません。これには、大学において友人関係が築けていないことが影響しています。国では、若者のフリーターの増加を意識し、キャリア教育の必要性を強く求めていますが、それはあくまで国の考えであり、大学生なら自分の人生は自分で決めて、生きる力、友人関係のネットワークを明確に築くべきです。それに、多くの学生が規定や社会の通念通りに生きようとしていますが、その規定や通念は誰が作ったのか疑問を持つべきです！

　多くの大学生が卒業後、現実と夢と異なることを悟り、職場から離れます。中には挫折を味わう人も少なくありません。その多くが人間関係に越えられない壁ができてしまったからです。それは、大学生のときに人間関係、友人関係を築くことを学ばなかったからでしょう。大学生の時にやるべき最大の課題は友たちづくりです。友だちがいないから孤独になるわけです。人間にとって最大の宝は友だちです。この事実は、年を取るたびに実感することになります。

4．自虐モードになったのか

　ここ20年の、大学生の恋愛の変化を考えてみました。20年前までは、視覚的に満たしてくれる綺麗な女性が、雄たちの狩りの対象となってきました。一方の女性は、強そう、かつマッチョな雄たちを好んでいました。それに応じて、男性たちはマッチョに見せるために、筋トレを通して体を鍛えていました。

　しかし最近ではそれが逆転しています。女性が頼もしく、そしてたくましくなり、一方男性は美しくなり、女性たちも、自分より綺麗な男性を求めています。いわゆるイケメンが求められているのです。

　実際に、美に対する感覚も男性の方が高くなり、平均的に男性の方が綺麗になりました。人気のある男性は、綺麗というか、美的な人になったのです。いわゆる草食男子!?

　実は、これが新たな社会現象を生み出してます。いわゆるセックスレスです。要するに、美への関心が高まった分、性への欲がなくなり、草食男子が増え続けた結果、「セフレ」ならぬ「ソフレ」が増えているのです。
大学生の中では
「先生、おれまだ童貞だけど、問題ありですか？」
と、相談なのか悩みなのかわからない話をしてくる学生もいる。それもチョーイケメン系の男子学生。彼らに聞くと、

「彼女はいません」と言うのです。そこで、
「彼氏はいるの？（爆）、なぜ!?」と聞くと、
「受験で恋人なんて考える暇が無かった」、「大学生になってからはバイトや就活で暇がなくて」、「顔が悪いから」
という男子学生は少なくありません。美への関心や努力はすごいけれど、彼女のつくり方はわかっていないようです。

5．幸せ真っ最中の男の子

　幸せですか、という Kim pitt の挨拶に、必ず「幸せです」
という返事が返ってきます。
今日は、1人の男子学生が、
「はい、幸せです」
と言ってくれましたが、そのスマイルがいつもと異なり、あまりにも嬉しそうな表情でした。
Kim pitt「なんかいいことあったの？」
と聞くと、彼はまさに満面の笑みを見せながら、「先生、めっちゃ嬉しいことがありました」何があったのか聞いても言わない。しかし、周りの子たちが、
「先生こいつ本当にいいことがありました」
と言っていたので、Kim pitt も知りたくなり、もう一度聞くと、
「先生俺、童貞なくしました」（オメデトウ、君お祝いでプラス 20 点）
と言われ、あまりにも、面白くて、自分の手にマイクを握ってること忘れ、マイクを握ったまま、
「なあに、君、童貞なくしたの！」
と言ってしまったので、教室の中にいる 200 人程度の学生が爆笑。本人は顔が真っ赤になり、それを見ていた周りの子たちはどんちゃん騒ぎになりました。
　さて、日本の大学生の何割が童貞なのでしょうか。全国の 18 歳以上〜 50 歳未満の独身者を対象として全国調査をしたところ、男性 18 歳〜 19 歳（高卒時または大学入学時）で性交渉未経験率は 68.5％、一方、20 歳〜 24 歳（大学 2 年〜大学卒業時）は 40.5％「出典：厚生労働省　国立社会保障・人口問題研究所　H22 年実施　第 14 回出生動向基本調査（サンプル数 10,581 人）」。入学時の童貞率は、7 割弱ということがわかりました。
　この理由の一つに「女性との出逢いがない」といった意見が多くありました。

男子高校の場合はありえますが、男女共学も多いので、「出逢ってはいるが、仲良くなるきっかけが作れなかった」というところでしょうか。彼らはこぞって「女性や友達に経験がないとばれたくない」「恥ずかしい」「捨てたい」と考えているようです。また、せっかく女性とチャンスがあってもいまいち自信をもてず、「俺、早漏かも」「あんまり経験ないんだよね」と自虐的なことを言うこともあるそうです。一方、経験がないことを悟られまいとドSで攻めて引かれることも…。しかも、以前は男性がリードしていましたが、最近はどちらかというと、女性にリードされています。しかも年上の女性に。この話を聞いて、男性の皆さん、「俺まだ童貞だけど、大丈夫？」などと安心してる場合じゃないですよ！

6．別れ話は、せめてスタバでしなさい１

　学校の近くのラーメン屋さんで遅めの昼食。以前は、朝食や昼食を取らず、夕飯しか取りませんでしたが、最近方針を変え、昼食を取ることにしています。スパゲティなどの麺類が大好きで、１人で行く時は、主に麺類を食べに行きます。
　今日はラーメン。食べている途中、隣席の男子学生の怪しい表情に気づき、さりげなく見ていたら、男性は、今にも泣き出しそうな感じです。女性は背を向けていたので顔は見えませんでしたが、男性の話が聞こえてきました。
「君のことが好き、別れたくない。やり直そう」
という内容でした。要するに別れ話の真っ最中だったのです。「情けないことを言うなぁ」と思いつつ顔を見ると、男性はかなりのイケメン。一方、女性はイマイチどころか、イマ二!?（笑）でも、男性の目のレンズが壊れたのか、ピンボケでよっぽど可愛く見えてるのかも？　とにかく外見は、全く、不釣り合いなカップルでした。心の中では男性へ「さっさと別れちゃえ」と言っていました。というのは、女性の態度が傲慢不遜そのものだったからです。でも、男女の関係は２人だけしか知りません。そこで思ったのは、ラーメン屋で別れ話する?!　不思議なことに、ラーメン屋で別れ話を聞くのは、今回で２回目。心の底から叫びました。
「別れ話は、せめてスタバでしなさい ^_^」

7．別れ話は、せめてスタバでしなさい２

　別れ話はせめてスタバでしなさい（１）のブログを読んだ学生らを中心に、その内容が大学で大きな話題になっていました。
そこで、講義中に
「皆さんは、どう思う？」
と聞いてみました。意外だったのは、女子学生の多くが「ラーメン屋でも、構わない」、つまり、別れたいなら場所は関係ないということでした。──恐ろしい（＾＿＾）一方、男子学生らの考えは、異なっていました。つまり、「ラーメン屋での別れは嫌だ」と言う方が多かったです。──情けない（；　；）。一番前に座っていた男の子が、
「俺も絶対に嫌だ、ラーメン屋での別れは」
と言っていました。彼に言いました。
「君にも別れた彼女いるの？」
周りは爆笑。その子に言われました。
「先生、失礼だね。言いたい放題ですね」
Ｓくん、もしこれ読んでいるなら、ごめん。

8．怒りを通り越して悲しくなる

　「生きる喜びを覚えよう」というテーマで、講義の際に、「子どもたちの命をどう守るべきなのか」について学生にリアクションペーパーを書いてもらいました。そんな中で、なんと、以下のような意見が出てきました。Kim pittは、怒りを抑え切れませんでした。

> 避妊の話をされていましたが、中で出さなければ子供はできない。だから、そうすればいいのではないでしょうか。さすがに皆の前で言うのは恥ずかしいので言いませんでしたが、アジアで子供が増えるのは、労働力の確保などの面があるのだと思っていましたが、違うのですね。

　これは教育学専攻で教職課程の学生が書いたものです。怒りを通り越して、悲しくて。（T．T）こんな人が教員を目指すなんて、日本の子どもたちの幸せはどうなるのか‼　赤ちゃんが欲しくて欲しく必死な方々もいらっしゃるし。子どもの存在とはそんな軽いものなのでしょうか

9．コンビニで塩でも買ってきなさい

　朝、地下鉄の中、通勤ラッシュのピークの時間帯でもないのに、かなり混んでいました。電車に乗って、すぐ異変に気づきました。かなり低くて太い声の中年女性が、ある若い男の子（大学生）に突っかかっていました。最初、声の調子からお姉系のおばあさんかなと思いましたが…。その経緯は判りませんが、とにかく、
「押さないでよ、お尻で。変なの、あんた、あたしが女だからなめてるのか。このクソ、この変態」
などなど。その中年女性と大学生は、おばあさんと孫のような年齢差です。
　次の駅に着くまで、その人の暴言は続いていました。通勤時間帯の車内雰囲気の中では、男声のように低く太い声は、余計にうるさく聞こえました。
「見ればわかるだろう。こんな状態なのだから、問題があるとするなら、あんたの面積が広すぎるんだよ」
と Kim pitt は言いたかったです。
　しかし、その男子学生は何も言わず、恥ずかしいのか、顔を下げて沈黙していました。
　次の駅からも人々が乗ってきて、さらに混んできました。再び押されたのか、
「あんたさっきから言ってるだろう。気持ち悪いから、ケツで押さないでよ」
と、その学生に一方的に言いたい放題。すきまから見えたのは、彼の鞄が当たっていました。でも、その鞄を動かせる状態でもなかったのです。
　自分の子どもや学生を見ているような気がしてきて、かわいそうになり、
Kim pitt「ちょっとあんたうるさいよ、お静かにできませんか」すると、
中年女性「ちょっとあんた誰、どこまで行くの？」
Kim pitt「僕が誰なのか、どこまで行くのか、あんたと関係ないんだろう。今、僕が言いたいのは、あんたがうるさいことと、皆さんに迷惑かけてることだよ」
そう言い合ってるうちに、四谷駅に着きました。男子学生はそこで降りました。間違いなく○智の学生さん。Kim pitt に笑顔を見せながら、小さい声で
「ありがとうございました」
と言いながら降りていきました。何君かわかららないけれど、とんでもない災難にあいましたね。コンビニで塩でも買ってきなさい！
　Kim pitt は、再び乗車。ちなみにそこからその中年女性は、Kim pitt には何も言わず、急に静かになりました。Kim pitt って、そんなに怖いのだろうか。

それにしても、その中年女性は何を勘違いしているでしょう。だから、Kim pittはおデブさんが嫌いなのです。

10．就職活動

　教職課程の学生がなぜ就活なのか。と不思議に思っている人がいると思います。実は、Kim pittもその1人です。未来の子どもらの幸福のために、ぜひ教員になってほしいと心底から願う学生は、なぜか教員になろうとしないものです。一方、なってほしくないというか、どちらでもいいやと思う学生らが必死になろうとする現実。悲し過ぎます。
本気で子どもらの幸福のために心を注いでくれそうな学生が、なぜ、途中であきらめ、なろうとしないのか。しかも、その多くが教育実習の後、心が変わってしまうのです。
　何がやめたい気持ちにさせるのか、この国の教育現場の大きな課題です。

11．皆さんが今夢見ていることが、人類史を変えるかも知れない

　皆さんは、子どもの時に持っていた夢を、今どれだけ持ってますか？　または、実現していますか!?　または、実現のために努力してますか!?　現実とのギャップを知り、その夢をあきらめてはないですか!?　捨ててませんか!?
「生徒指導論」の時間、一人の男子学生に小学生のときの夢を聞きました。そのこたえは
男子学生「ケーキ屋さん」
Kim pitt「今は？」
教職課程なので、当然ながら、学校の先生とこたえるのを期待してましたが、彼のこたえは、
「ケーキ屋さん」
Kim pitt「ケーキ屋さんをやる人が何でここにいるの？　君（実際は名前で）は来週から来なくていい」
ちなみに、再履修している学生でした。翌週彼の姿が見えたので、
Kim pitt「何で来たのか？　来なくていいのに」
男子学生「親との約束なので免許は取りたいです。ちなみに夢は変わりました」

Kim pitt「何になりたいの？」
男子学生「バーテンダーです」
Kim pitt「なら、君、生徒指導論、取らないとだめだね」
男子学生「なぜ!?」
Kim pitt「君が経営する飲み屋に高校生などの未成年者が飲みに来たら指導しなければならないから。その指導法をここで身につけるんだよ（ ˆω ˆ）」
男子学生「すごい、先生今の説明、納得」
kim Pitt「でも、忘れてはならないことは、もし、君の店に Kim pitt が飲みに行ったとき、無視してはダメよ」
とはいってたけど、心の底では、君には「保健体育」の先生になってほしいよ、正木健太郎くん。という思いがありました。

　人間の夢は、時の流れとともに、変わるものです。でも、死んでもあきらめない、捨てられない夢を一つだけは持ってほしいですね。プロにならなくても、アマチュアでもよいのです。我々は、常にプロを目指す傾向が強いです。まるでアマチュアを認めないかのように。でも、そのアマチュアからプロが生まれるのです。
　皆さんは、ギリシャ考古学の父と呼ばれるドイツ人、ハインリッヒ・シュリーマン（1822-1890）を知っていますか？　彼は、子どものときに読んだホメロスの長編叙事詩「イーリアス」を信じ、夢を持つようになりました。つまり、大人になってから考古学者となり、トロイアとミケーネ文明を自ら発掘することを夢見ていたそうです。しかし、40 歳になるまでは、考古学とは無縁の商人として、貿易などで夢中で金稼ぎをしていました。その結果、巨富を築いたのです。
　彼は貿易のために、必死に語学の勉強に励み、独学で 20 ヶ国語を学び堪能だったということです。
　しかし、1870 年、48 歳になると、幼い頃の夢の実現のために、貿易で稼いだ全財産を投資し、発掘調査を開始しました。その精力的な活動の結果、1873 年にあの「プリアモスの財宝」を発見し、伝説のトロイアを発見したのです。この発見により、古代ギリシャの先史時代の研究は大いに進むことになりました。発掘以前は、「トロイア戦争はホメロスの創作」と言われ、トロイアの実在も疑問視されていましたが、シュリーマンはトロイアの存在を確信し、遺跡発掘にすべてを投資したのです。
　彼は発掘の専門家ではありません。つまりアマチュアです。当時は現代のように考古学は整理されておらず、発掘技術にも限界があったため、その後、彼

に対する否定的な意見も少なくありませんでした。
　しかし、彼の死んでもあきらめられない夢があったからこそ、我々現代人は、トロイアの文明をプレゼントしてもらえたのです。
　もしかしたら、皆さんが今夢見ていることが、人類史を変えるかも知れません。一冊の文献が一人の人生だけなく、人類史までも変えましたね。あなたは、そんな文献に出逢えたでしょうか。とにかく、本は人間を成長させる最高の宝物だと言えます。

12. 今日は英語の勉強!?

皆さんは下の英文を見た覚えはありますか？
SOON IT SHALL ALSO COME TO PASS.
この英文を和訳すると、
「この瞬間も、すぐ過ぎ去ろう」
ですね。これは、ダビデ王の指輪に書いてある文章です。ダビデ王とは、古代イスラエルの二代目の王様で、優れた政治家として知られています。この文は、ユダヤ教の経典注釈書である「ミドゥラシュ」(Midrash) に「ダビデの指輪」という文献で見ることができます。
　ダビデ王がある日、宮中の細工師を呼んで、
「私のために美しい指輪を一つだけ作り、句を彫りなさい。その句は、私が大きい勝利をおさめて喜びを抑制できなくて、高慢になろうとするとき、その心をコントロールできるものでなければならない。また、私が大きい絶望に陥って落ち込んでしまった際にも、勇気と希望を与えられる句でなければならない」
細工師は美しい指輪を作ったが、なんと書き込めばよいのか、苦悶しました。幾日か悩んでイスラエル史上最高の政治家であり、知恵者と言われているソロモン王子（後ソロモン王）を訪ねて、どんな言葉を書き込むべきなのか、助言を求めました。
その時、ソロモン王子が、言ったのが、
SOON IT SHALL ALSO COME TO PASS.
実に素晴らしい言葉ですね。
私の解釈では、
「それでも地球は回る」
ですね。

皆さんは、何かを死ぬほどやってみたことがありますか？　死にたくないから、もしくは死ぬかもと恐れてやってない人が多いように思います。しかし、死ぬほど何かに取り組んでいる人は、死にません。逆に死を恐れている人が先に死んでしまいます。多くの人が、死にたくないから次のステップへ踏み出すことができずにいます。だから、進展できないのです。人間は、自尊心を抑えないと次の段階へ進ことができず、新たな世界を味わえないのです。
　皆さんはやらなければならないことをやって生きていますか!?　それとも、やりたいことをして生きていますか!?
　人生、辛いときも、悲しいときも、苦しいときも、あきらめたいときも、逃げたいときも、逆に、幸せで、美しくて、バラ色のときも、この言葉を心の中に刻んでおくことです。
SOON IT SHALL ALSO COME TO PASS.
「この瞬間も、すぐ過ぎ去ろう」
つまり、
「それでも地球は回る」
ということです。
最後に聖書から御言葉を
「油断することなく、あなたの心を守れ、命の泉は、これから流れ出るからである」(聖書 箴言4章23)
つまり、世の中、生きるか、死ぬか、バラ色の人生になるか、灰色の人生になるかはあなたの心次第なのです。

13．社会のために働こうとしている人が何人いるのか疑問

　一人の男子学生が、投げかけてきた課題を紹介します。
「企業も人間も、社会のために働こうとしている人が何社・何人いるのか疑問に思います。みんな金のために悪いことをして、嘘をついて、いらない物を量産している。それをわかっていてしているのなら倫理観がないだけですが、本当にマズイのは悪いことをしていることすら気づいていないこと。それが当然のようになってしまっている日本の社会に問題があります。この状況を変えられるのは教育しかありません。キャリア教育を充実させて、働く意義について考えられる人間を社会に出していかなければなりませんね。そして、少なくとも

教員は正しい職業観を持つべきです。"公務員で安定するから""休みが多いから""退職後も楽だから"という理由で教員になりたいのならやめさせるべきです。採用試験においても、点数が取れる・論文がうまい・面接で話せる・資質があるといった一時の技術ではなく、最も重要なのはその人が考えていることをしっかりと時間をかけて紐解き、間違っていれば直しながら進めていくべきだと思います（教員採用試験くらいはそうであってほしいです）。お金のために働いている教員が何人いるでしょうか？　そんな人に真の教育はできません。そしてそんな教員がいるから日本がダメになっていく。僕も金に目がくらみます。ダメです。殴り書きで読みにくい＆まとまっていないのですが、金・社会・働くことについて偏った僕の考えに、みなさんの意見をお聞かせ下さい！」

Kim pitt は「教育万能主義者」ではないけれど、この学生の意見にかなり近い考えです。

14．「社会のために働こうとしている人が何人いるのか疑問」に対する考え

　13 についての学生の意見です。
「やはり好きなことや適性に合っている職業を選ぶことが重要です。お金主義ではなく、仕事主義にしなければなりません。そして、仕事が好きならば自然とお金も入ってきますからね！　しかし、教員になる＆教員を目指す学生の意見は、やはり今の私には綺麗ごとにしか聞こえません。教員は教える事や人に接する事が好きなのであれば最高の職業だと思います。未来の社会を担う子どもを教育する事ができるのですから。しかも心師になれば、一生人の心の中に残り続ける人になれるのですから。同じように教えることが好き、人と話していたいと思う人が営業部を目指したらどうでしょうか？

　必要のない物とわかっていながら、人に物を売りつけなければいけません。自分の生活がかかっていますからね。彼らは悪い事とわかっていながら嘘をつきお金をもらっている。同じ好きなこと・適性からスタートしてもこれだけの差があるのです。しかも教員は免許状が必要ですから、今このことに気づいたとしても、教員でなく営業職を選ぶ人も多いと思います。それは、今まで教職課程を受講してきた努力から比べたら当たり前の結果かもしれませんが、大学入学時には自分の適性に気づいていなかったのかもしれません。キャリア教育は早急に進めないといけませんね。教員にはボランティア精神は欠かせないと

思います。しかし、所詮公務員です。民間に比べたら何倍も安定していますし、何倍も休みがあります。また、教員はボランティアですが、民間の人達はお金をもらうために働かなければならないのです。そうしなければ生活ができないし、会社も倒産してしまう恐れがあるのですから。同じ労働時間だとしても精神的に大きな差があると思います。そしてキャリア教育をするうえで、教員と民間で働く保護者の間には大きな溝があります。一般的に教員は社会を知らないと言われますが、それは当然でしょうがないことです。

　しかし、もっと社会に目を向けるべきです。社会に興味のない教員にキャリア教育は務まらないし、そんな人の教育なんて誰も聞きません。そして、僕もキャリア教育を受けてきたとは思いますが、何一つ心に残っていないのはそのせいかもしれません。キャリア教育は必要です。が、できる人がいない。もちろん外部講師を招けば良いのでしょうが、それには教育の限度がある。少し批判的に書きましたがどうでしょうか？教育はできない人のためにしなければいけません。下を切り捨てるのではなく、救わなければいけませんね。特に中高生は生まれ変われますから！」

15．エキストラ人生ではなく、主人公になる人生を送らなければならない

　なぜ、大学に入ったのか？　なぜ、大学に通っているのか？　と聞くと、多くの学生が、「良いところに就職するために」、「親に言われて」、「友たちがみんな行くから」、という返事が非常に多いです。大学は就職のためのもなのか、新入生募集のための入試要項等を見ると、最も目立つものが就職率の宣伝です。昔の大学や大学生とは価値観が全く異なります。就職が目的なら、大学に来る必要はないのでは？それなら、職業訓練所や専門学校に行った方がよいのではないでしょうか！教職を担当しながら感じているのは、卒業後に名の知られている予備校に通う人が少なくないということ。むろん、これにはきめ細やかに教えられていない大学の責任も大きいと思います。

　大学は、就職のために設立された場所ではありません。それよりも、読書会や学習会など自ら組織（サークル）をつくり、助け合い、学習すべき場所なのではないでしょうか。そのような活動をするためには、「人間関係形成能力」が必要です。昔の大学生や社会人は、自然に友人関係や先輩後輩関係が形成できましたが、今はそうした人間関係、つまり仲間意識ができず、すべてが貨幣と

換算されてしまいます。

　なぜここまで大学生が変わってしまったのでしょうか。それはコミュニケーション力の欠如です。なぜコミュニケーション力が欠如してしまったのか。日本人は文章を書き、まとめる能力は抜群でした。それを証明するのが、川端康成さん（1899-1972）、大江健三郎さんといったノーベル文学賞の受賞者を輩出した事実です。しかし、今の大学生のレポートや小論文をみると、小学生以下です。以前は理系はしかたないと許されたこともありましたが、今は文系のレベルが下がっています。つまり、文系も理系も公平に文章力が下向平準化されたわけです。

　ここで言いたいのは、今の理系の大学生や教員は、理系だから仕方ないというけれど、科学者であっても、医者であっても、抜群の文章力がある人も少なくないということ。

　つまり、理系も文系もなく、友人同士で、先輩後輩が助け合う習慣が消えたこと、それに、いわゆる知識を造るというより、グーグルなどに頼る知識の消費者になっているからです。SNSでの知識や情報のゲットはキーワードだけ入力すれば、小学生でもできることです。

　青春の集まりである大学の講義中に、若いエネルギーをもらうのではなく、逆に Kim pitt のエネルギーを奪われているような気がします。彼らの目は常に窓の外の遠くを見ているか、スマホを見ています。つまり目が死んでいます。この目を生かさないと、近いうちに大学はなくなります。

16．お金ではなく、知識や体力を蓄積しなさい

　昨年就活を経験した大学4年生を対象としたアンケートで、悲しい結果が出ました。それは、就活をしながら、「本気で自殺を考えた人が25％」もいること。また、そんな思いをするまで真剣に活動をして、就職先は決まったものの、卒業後、その就職先を1年以内でやめる人が約3割もいるということです。人生において、最も輝くべき4年間の大学生活をかけて得られた職場をなぜ離れるのか？　それは、「自分とのコミュニケーション」が取れていなかったからです。

　最近の大学生は、他者にどう見られているのかを気にする人が多いようです。ここで言う他者の目とは、いわゆる自分よりお金持ちで、偉い人のこと。そうした人たちに認められたい欲望が強いのです。その結果、自分らしく生きられず、当然ながら他者との共生もできない。それに気づくのは、4年間の青春を無駄

にした後です。
「だから、自分を生きなさい」とKim pittは言いたい。
金持ちになりたい気持ちはわかりますが、
「なぜ金持ちになりたいのか、お金の使う道について考えたことあるのか」
と聞くと、
「老後のために貯金する」
など老後のことまで心配している学生が少なくありません。
「君、お金は蓄えるために稼ぐんじゃなく、善く使うために稼ぐんだよ。つまり所有するためでなく社会に役立つために使ったり、若者の学びのために寄付したり、今までの私の経験から言えるのは、不思議にもお金はそうした考えの人のもとに集まります。つまり、お金は貯めるものではなく、動かすものなのです。しかも、君は明日死ぬかも知れない。充実した今を生きれば、100歳まで生きることができ、まだ働けるから、お金ではなく、知識や体力を蓄積しなさい。老後のために努力して貯蓄できたとしても、お金を使うにも体力がついていかず、お金はただの紙にすぎなくなってしまう。だから、今は金稼ぎを考えるのではなく、体力や知識を稼ぐことに専念すること」
とKim pittは語りかけます。

　なんとなく理解できたのか、その後、明確に意志が変わったかのような行動をとる子たちが目立つようになってきました。

17．経験の履歴書を書こう

　「先生は幸せですか」
と学生らによく聞かれます。そんなときは、彼（女）らに、笑顔で即答します。
「もちろん、それは、君らみたいに賢く、美人で、イケメンな学生に囲まれているから」。すると彼（女）らしい笑顔を見せます。
女子学生の中には、
「せんせー、何も出ません（笑）」
という声が。
「わかってる。君から出るものは脂肪しかないから期待しません」
人間関係形成能力を築くためには、何が必要なのか。話術も必要ですが、とにかく笑顔でいることが大切です。笑顔がない人は、ある意味では、コミュニケーションを拒んでいるようなものです。すべての出逢いは笑顔から始まります。

笑顔のない出逢いは、その後の良いコミュニケーションは期待できません。取れないのです。

　学生の中には、「人間を幸せにするものはお金」と言う人は少なくありません。おそらく、誰でもお金を使うのは好きでしょう！　お金で買える最高のものとは何か？　生きていくうえで最も大切なものは何か？　それは、所有物ではなく、経験（旅、文献などを通した経験）を買うことです。要するに、他者とのコミュニケーションの話題を買うことだと思います。それらは、生涯にわたって貴重な財産となります。旅や文献を通して得た物語は、生涯をともにする友だちもつくるきっかけになります。服や車などの"物"を買ったところで人生は変わりません。しかし、旅は、人生を、生き方を変えます。

　私が大好きな教え子のなかに、今は小学校で教鞭を執っている小泉琢磨くんがいます。彼は大学在学中、青森から東京まで一人で自転車で旅をしました。それこそ、まさに孫の世代まで語れる（誇れる）立派な経験の履歴書といえます。彼はその経験をとおして間違いなく人間的にかなり成長しましたね。

　だから、「お金があれば、学歴や職歴ではなく、経験の履歴書（CV＝curriculum vitae）を書けるぐらいの経験を買いなさい」と、学生に言います。子どもたちに、「経験のCVを書くためにお金を使いなさい。所有物のためではなく、経験の履歴書を書くためにお金を使いなさい」と言うべきです。そうすれば、心豊かな人間になれます。

18．青春の1ページ

　期末レポートの添削やテストの採点をしながら、忘れられぬ我が青春の1ページが浮かんできました。

　大学2年生の夏休みの出来事でした。大学から家に送られてきた成績表を見ると、必須の第2外国語であるドイツ語の成績がF（不可）。試験の解答は完璧に書けたはずなのに、あり得ないと思い、成績不服申し立てを大学に提出しました。その後、担当の先生からの返事があり、カンニングの疑いがあり、Fで処理されたとのこと。再び、申し立てするとともに先生に面談を求めました。

　先生に会ったら、
「確かに、きみは完璧に書きました。しかし、これを見なさい」
と言われ、Kim pittともう一人カンニングの疑いがある子の答案用紙を見せてもらいました。それを見た瞬間、確かにそう言われても仕方がないと思いまし

た。というのは、(問題のなかには、問題そのものがドイツ語)自己紹介をドイツ語で書けという問題があり、テストのとき、友人に見せろと言われたのを思い出しました。問題はドイツ語で書かれていたのですが、その友人は問題の意味が解らず、自己紹介の中にある Kim pitt の名前まで書き写していたのでした。
「こんなバカいるか！」と思いながらも先生に、
「この答案用紙からでは、誰がカンニングしたのか、明らかではないんじゃないんですか？」と申し上げたら、
「君の見せた罪も大きい、だから、不可」
と言われましたが、粘りに粘って、60点で交渉成立。当然ながら、その友人は不可。未だにその友人にこの話をすると、隠れる穴を探しています。

19．恋することは憎しみを学ぶこと

　恋愛について勉強しなさい。恋愛学、つまりプラトンの著書「饗宴」でいうエロス学(恋愛学)を。エロス学を学ばないから、彼や彼女に騙されるわけです。騙されないためにも、大学で恋愛についての学習、学修は必須です。
「恋をしたことのない人、恋をしていない人、個人的には、教職を取って欲しくないです。そんな人が人間の子どもたちを教育できるとは思えません」
こうした話が、なぜかセクハラ発言となり、下ネタとなって、訴えられることも。情けない話です。これが日本の今の大学生のレベルです。もちろんそれはほんの一部に過ぎないことと信じたいです。
　間違いなく、そのような捉え方をする人は、恋人に騙され、相手に利用され、恋愛による被害妄想にかられて一生独身で暮らす独居老人となり、孤独死する可能性が高いです。
　また、恋は永遠のもので変わらないものと思っている人もいます。しかし、恋愛と別れは同時に始まる…という、小学生でも知っている事実を悟れていない未成熟な大学生もいます。どんな恋であっても、必ず別れはあります。また、恋は変わるものであり、変わらないと恋じゃないです。
　だから、別れの後は、相手に対する憎しみが強く残ります。恋することは憎しみを学ぶことでもあるのです。すごく仲が良かったご夫婦は、死別の後、深い虚しさと挫折を感じます。でも、そんな夫婦の方が、仲が悪かった夫婦よりも再婚が早いものです。
　人間が恋愛をするのは本能です。性欲を満たすことと、子孫を残すためです。

だから、結婚し、家庭を築きます。むろんそればかりではないけれど、これは、否定できません。我々もみんな祖先の性欲があったから、この世に生まれたわけです。でも、最近はなぜか、男は視覚的な面を重視し、相手のスタイルや顔などを見て決めます。女はいい餌をゲットできそうな相手を求めます。つまり、恋愛が金銭的に計算されるようになりました。

まともな恋愛ができず、最も性欲が豊かな年齢のときに、就活や仕事ばかりに精をだしているから、なかなか少子化から抜け出せないのです。彼や彼女に騙されるあなた。騙されないためにも、恋愛について勉強しましょう。(*^_^*)

20．知性があると、恋も成功する

最近、学生からの恋の相談が多いです。なぜか、学生自身の相談だけでなく、親の離婚の相談まで。（笑）

しかし、恋の相談といっても切なさが足りません。彼（女）らの相談内容は、いつも相手と上手くいかないことや、これが恋なのか、遊ばれているのか、などが多いのです。彼（女）には、
「結論から言うと、知性がないと恋愛で成功することはできない」
と言っています。

大学生を相手に仕事をしながら常に感じることがあります。それは、なかなか話が伝わらない時がしばしばあるということ。通信制の社会人学生も同様です。何故なのか！　間違いなく、本を読まないからです。だから、コミュニケーションが取れないのです。どこかで耳にしたのか、いろんなことを知っているふりはしますが…。

大学生は、若者の特権とは何なのか！　本を読まないのが大学生なのか？大学生という職業は本を読むのが仕事です。知性は、本を読むと高まります。知性があると、恋に成功します。当然ながら、知性がないといつも騙されることになります。

情けないと思うのは、4年間、教職課程にいながらも、ルソーも、デューイも、ペスタロッチも読んでいない学生がいることです。このままでは、本人だけではなく、日本の子ども達の将来が心配です。

それに、大学生なのに他者にペコペコすることに慣れている人が多過ぎます。大学生の特権は、自尊感情を守れることです。自尊感情とは、誰にも腰を曲げないことです（礼儀に反することではない）。大学生なのに、今から、生き残る

ため？　出世のためなのか!?　今から、他者にペコペコするなら、その人の人生は、一生死ぬ日まで!!　"ペコペコの人生"になります。少なくとも大学生は他者に腰を曲げてはなりません。そして、本を読みましょう。知性があれば、ペコペコと腰を曲げずに生きることができます。

21．死ぬ日を待っているだけでは幸福はこない

　学生に
「人生に疲れました」と言われました。
Kim pitt「君、そんなことを言うのは60年早い」
と言い、その訳を聞くと、
学生「憧れの大学に入ったのに、先行きも不透明だし、将来のことを思うと心配で、毎日が辛いです」
Kim pitt「そうか、大変だね。でも、発想を変えればいいのでは？　カメラもレンズを変えれば風景は変わる。1日1日を自分が楽しもうと思えば、楽しく暮らすことができる。明日のことは明日心配すればいい。」
と言って、以前友人に聞いた話を続けました。
　話の内容は、「ガン」にかかり、医師に余命3ヶ月と言われた人が、笑いも失い、「死」に対する恐怖で不安な毎日を過ごしていましたが、ある人に言われた一言がその人を救ったという話です。その一言とは、
「死を待ってるだけだよ。大丈夫、あなたは死ぬ日までは死なない。3ヶ月しか生きられないかは、誰も知らない」
でした。この一言で笑いを取り戻し、その後3年過ぎた今でも生きているとのことです。
　人間心の中でどう思うかによって、バラ色の人生にもなり、灰色の人生にもなると言われています。

22．三匹のこぶた

　皆さんは、三匹のこぶたのお話を知っていますか？
　三匹のこぶたのお話を通して、何を感じましたか？
　ワラ、木、レンガ、どれで人生の家を造っていますか？
　ある日、オオカミが突然現れたときに、どのように対応すべきなのか、イメー

ジしたことはありますか？

　つまり、自分の生き方について、自分がどのようにイメージしているのか考えたことはありますか？　あるいは、どのように生きたいのか、考えたことはありますか？

　今すぐ、自分の人生のイメージを紙に書いてみてください。
ワラになっていないか、木になっていないか、レンガになっているのか？
　オオカミはいつ訪れるのか誰にもわかりません。

　我々生き物には、かならず終わりがきます。大切なことは、健康で喜んで生きることです。人間が健康で善く生きるためには、よく食べて、よく寝て、よく遊ぶことです。

23．人生は出逢いによって決まる

　Kim pitt の青春時代のアイドルだった、ドイツの哲学者マルティン・ブーバー（1878-1965）は、
「人間は＜汝＞に接して＜われ＞となる」
という言葉を残しています。
「相手がそこにいて、その人間と接することで、自分が人間として存在し、生きることができる」
という意味です。つまり、出逢いによって人生は決まるのです。

　今年あなたにはどんな出逢いがありましたか？　出逢いにはいろんな種類の出逢いがあります。素敵な出逢い、嬉しい出逢い、嫌な出逢いなど…。人間の出逢いは、私が造る出逢い、相手が造る出逢い、第3者が造る出逢いの3つに分けることができます。

　人生を変えるためには、出逢う人や文献を変えれば良いのです。
否定的な人との出逢いは自分の人生が否定的になり、不幸だと思う人と友だちになると、自分の人生も不幸になります。肯定的な人との出逢いは肯定的な人生になります。つまりこれが、私が造る出逢いです。

　相手が造る出逢いとは何か？　文献などを通して出逢えた人と直接会いたいなら、手紙を書くか、メールを送ってみましょう。返事がなかったなら、あきらめずに送るのです。私の人生には"あきらめ"という言葉はないと考えましょう。この出逢いは、相手が決めることです。

　出逢いがあったなら、その出逢いを深いものにするか、軽いのものにするかは、

自分にかかっています。人間関係は周りに迷惑をかけるな、ではなく、互いにお世話のマイレージを積算しながら生きることです。
　そして、第3者による出逢いとは、ブーバーが言う教育的出逢いです。Kim pitt は教育的出逢いを「73億分の1の確率での出逢い」と表現します。この神様からの恩寵を、Kim pitt は数多く受けてきました。

24．稼ぐために生きるかで悩む時期ではない

　今の大学生に
「何に関心があるのか、何がしたいのか！」
と聞くと、一般的な人生最大の目的はお金稼ぎらしいです。
Kim pitt「いったい、いくらあれば満足するの」
学生「多ければ多いほどよい」
Kim pitt「なんで？」
学生「いいもの食べたいし、とにかく他人と比べて贅沢したい」
Kim pitt「今、餓死寸前なの？　食べてるんだよね!?　他人と比較と言ってるけど、どの人!?」
　お金が欲しい理由のほとんどを占めるのが、男子学生は、いい車や家が欲しい。女子学生の多くは、ファッションブランド品の買い物がしたい、と言っています。まだ結婚もしてないのに、二世の養育や教育費と言っている子もいる。よく言えば、将来設計能力が優れている…というところでしょうか。
　老後、楽になりたい、休みたいと言っている子もいます。
「なんで老後まで待つのか!?　今休めばいいのに。老後は体が衰弱し、足も震えて自然に休めるようになるのに…！」
　とにかく、お金稼ぎのために、バイトに夢中になっている子が少なくありません。大学生活の最優先はあくまでもバイトだから、講義には出席しません。しかし、どうやら成績は気になるようです。
　お金持ちになりたい理由は、車や家を買うなど、どれも自分のためです。しかも、人生にあまりプラスにならないもののために、お金を稼ぎたいと思っています。教科書や参考書を買うための2000円はケチるけれど、飲み会や買い物には、何千円出しても躊躇しない子が多いです。
　そんな皆さんに言いたい。今のような理由で働き、金持ちになったとしても、お金がなくなると、君らの周りから人は去っていきます。つまり友達がいなく

なるということ。残るのは寂しさだけです。

　もちろん、お金を稼ぐのは悪いことではありません。でも、とにかく楽しく生きるため、友達のため、幸せのためにお金を稼ぎたいと言ってる人がいないのは、悲しいことです。いつから、この国の若者の考え方がこうなってしまったのでしょう。かつて日本人の最大の美徳であった隣人愛はどこに消えたのでしょうか。いつから、若者が、大学生が、お金の奴隷になったのか！　文部科学省は、金稼ぎや遊びのために大学を設立したわけではありません。

　幸せに生きるためには、大学生のうちに、金稼ぎではなく、友情を分かち合う能力を身につけてほしいです。君たちが社会に出てから楽しく生きるためにはとても大切なことです。お金を稼ぐことは、卒業後何十年もできます。今は、「どう生きるべきか」で悩む時期であり、どう稼ぐために生きるかで悩む時期ではないのです。若い頃は貧しいのは当たり前のことです。

25．お金を払ってでも友達を買いなさい

　寂しくならない、孤独な人生にならないためには、何をすべきなのでしょう。生物学的にお年を召された方たちを中心に、話を進めさせていただきます。

・友達を作りなさい。

　友達がいなければ、お金を払って友達を買いなさい（「年を取ったら、口は閉じて財布は開けなさい」という言葉もあります）。そして、その友達とメンター（mentor）の関係を維持することです。

・まず、信仰を持ちなさい。

「信仰と言うからには神を信じるのだから、何か好きなものを犠牲にして、抑制した生活を送らなければならない」というイメージがあるかも知れませんが、それは、変な十字架コンプレックスのある人々の信仰です。イエス様も、仏陀様も、楽しい生涯を送っています。何かを犠牲にする信仰は心に喜びがなく、精神的に疲れるだけです。日常生活の中で生じた怒り、鬱憤などを、十字架の前でも、仏像の前でもいいので、お祈りすることで発散してください。その怒りや鬱憤のすべてを聞き入れてくださるし、秘密も守ってくれます。(^O^)

・ボランティア活動をしなさい。

　ボランティア活動はもちろん、何かの団体に属することも大切です。最近は、SNSを始め、いろんな形でコミュニティが形成されています。むろん、変な宗教団体や出逢い系サイトはダメです。もし、団体に加入して、そこに嫌な人が

いたのならば、すぐにやめて他の団体に入りましょう。周りを気にしてやめずにいたら、怒りが大きくなって、病気になるだけです。団体を変えたのに、また気に入らない人がいたら、そこもやめて別の団体に加入してみてください。そこも気に入らなかったら、さらに別の団体に変えてみましょう。もし、それでも気に入らないなら、自分に問題あるのかもしれません。一度、精神科の治療を受けてみてください。

なかでも友だちづくりをすぐに実践して、寂しくない人生を送りましょう。

26．彼を振ったのは彼女だったこと

いつもとは異なり、あまり元気がなく、笑顔も見せない男子学生がいました。
「どうした？」
と聞くと、返事なし。再び聞くと、
「別に、大丈夫です」と言うだけ。いつもの彼ではなかったので、
「君、間違いなく、振られたね!!」
というと、周りの学生が爆笑。そして、
男子学生「さすが、先生、すごい!!」
Kim pitt「なるほど。なんだ、君その程度で元気なくしてたのか!?」
と言いながら、周りにいた、女子学生に、
Kim pitt「○□さん、彼、女の子に困ってるみたい、救済してあげたら」
というと、周りの学生たちが、さらに爆笑。
男子学生の顔を見たら、真っ赤！
女子学生も多少恥ずかしそうな感じ。後にわかったのは、彼を振ったのは、彼女だったということでした。（＾ω＾）

27．この講義では、
　　モーニングコールのサービスはしません

講義中、私語が多くなると、「おしゃべりしたい人は外に出るか、寝なさい」と言います。そして、しばらくすると、寝ている学生が多くなります。
以前、いつもは起こすけど、寝ている子を無視して出席を取ったところ、寝ていた男子学生からクレームがありました。
「何で起こさなかったのか」

と逆ギレしたのです。
Kim pitt「この講義では、モーニングコールのサービスはしません」
と反論したところ、教室の中は爆笑。
　最近、講義中に、いつも朝から居眠りをする女子学生がいます。起こして、その訳を聞くと、夜遅くまでバイトをしているので、あんまり寝ていないとのこと。
Kim pitt「何で、そんなにバイトに夢中なの？」
彼女「お金を貯めるためです」
Kim pitt「何でそんなにお金がほしいの？／食べ物に困っているの？」
彼女「友達と四年生になったらフランスに卒業旅行に行き、シャネルのバッグを買う約束をしたので、そのために」
お金の節約のために、昼はカップ麺だけしか食べないとか。
Kim pitt「朝食は？」
彼女「時間がなくて、食べない日が多い」
Kim pitt「君、夢があって良いけど、そこまでやる必要があるのか？」
彼女「みんなも持ってるし、私もほしい。親にはお金を出してもらえないので、自分で稼ぐしかないです。だから、いいでしょう、悪いことじゃないし!?」
Kim pitt「きみ、でも、そんな食生活をしていると、シャネルのバッグを買う前に死ぬかもよ」
彼女「いいんじゃありませんか」
その学生、私とでは価値観が異なるため、コミュニケーションが上手く取れません。そして、コミュニケーションを拒んでいるようにさえ思います。でも、負けません！
Kim pitt「そうだけど、君、今、一年生でしょ。4年間、今のような生活していたら、間違いなく死ぬ確率が高い。また、良いところに就職できる確率も低くなるよ。友人関係も築けないでしょう。大学生は学ぶことが仕事だから、まずは、勉強したり、友達を作ったり、先にやらなければならないことが多いはず。計画を変えれば？　例えば、4年間で買う計画を6年間にし、カップ麺をおにぎりやサラダにし、バイトも減らし、その時間を健康や学びのために費やすとか。他で節約すれば、もしかしたら、3年で買えるかもしれないよ」
Kim pitt「間違いなく、今の生活では4年では卒業できない。それに、バッグが手に入る前に病気で死ぬかも。もしかしたら、君は120歳まで生きるかもしれないけれど、でも、確率として高いのは、今、稼いでいるお金が病気ですべて消える可能性があり、卒業もできないということ。とにかく、食べないと話に

ならない。バイトも体力がないとできないし。もし、バッグを手に入れたとしても、顔やスタイルが悪くなったら、シャネルのバッグは君に似合わなくなる。"シャネルを君に合わせるか、君がシャネルに合わせるか"の問題でもあるね」
彼女、Kim pittの話を全く受け入れようとしなかったが、その後、「説教モード」ではなく、「コミュニケーションモード」に突入したお蔭なのか、2週間に渡ってこんな話をした甲斐があり、翌週になると態度が急変。
彼女「先生の説明でよくわかりました。これから、ちゃんと食べるし、バイトも減らします」
お互い童心に戻り指切りげんまんをしました。最後まで言いたくて言えなかったことがひとつ。
「大学生の君が恐れなくてはいけないことは、腹の中が空っぽになることより、頭の中が空っぽになることだよ」

28．青春の履歴書の中身１

　心豊かな人間になるためには、「人間関係形成能力」を育むことです。そのために、Kim pittはいつも、学生に次のようなことを言っています。
「他人を指差すのではなくその指先を自分に向けなさい。自分が他人にしてほしいことは、他人も同じことを考えてることを忘れてはなりません。性格が歪んでいる人、とんがっている人は、直らないので無視すること。むきにならないことです。人間は誰かが隣にいることよって心が変わります。人を憎むことが習慣になりやすいので、常に肯定的に人を見ることを心がけましょう。そうしてコミュニケーション力を常に磨くことが大事です。自尊心を捨て、自尊感情を守ること。そうなると、自分のことをほめることができる世になります」
　現代の社会や教育において、子ども達に求められている能力は、IQ（Intelligence Quotient）知能指数→EQ（Emotional Intelligence Quotient）、心の知能指数→SQ（Social Quotient）、社会性→EI（Emotional Intelligence）というように心豊かさへと変化してきました。
　しかし、人間が心豊かにならずに、悪行を為すのは、高い欲望からではなく、良心が低いからです。そのため、EIをどう育むかが課題の一つとなっています。
　心豊かな人間になるためには、良い習慣を身につけることです。例えば、親切心を身につけると幸せになります。誰かを憎むことを身につけるとそれが癖になり、不幸になります。

29．青春の履歴書の中身 2

　人間は、Being good（よいものから）から doing good（生きること、活動すること）にならなければなりません。すべての子どもが
More is best、Less is worst
ではなく
More is worst、Less is best
もいます。
子どもとの関係で、
・わが子にないものは何かではなく、あるものは何か
・何に関心があるのか、その関心の対象は一時的なものなのか、長い間持ち続けられるのか
・なぜ、悩んでいるのか
　何か問題が生じた際に、たとえばいじめによる（余談ですが、教育評論家を名乗る人、すべての責任を学校や先生に、学校や教育不信感を広げる、馬鹿じゃない）。
　心豊かにならないといけないのは、人間が悪行を為すのは高い欲望からではなく、良心が低いからです。皆さん、大切なことは自分の履歴書が、★ Being good（よいものから）から doing good（生きること、活動すること）にならなければならないです。

30．DREAMISNOWHERE

次の英語をどう読まれますか？
DREAMISNOWHERE
まず、考えられるのは、
Dream is nowhere ←夢はどこにもない
次は
Dream is now here ←夢はここにある
です。
「人間は心の中で考えた通りの人間になる」
という言葉があります。どう考えるかによって、バラ色の人生になるか、灰色の人生になるかが決まるということです。
Kim pitt は、ピンク色の人生でありたいです。

31．女性が費やす 6.5 年間へのご褒美

　人間の平均寿命に関するお話です。
　日本人の平均寿命は、国際的に見ても、男女ともにトップレベルです。さて、そこで、問題です。なぜ、男性より女性の方が長生きできるのでしょうか？しかも、平均して 6.5 年程度も長生きです。これは日本だけではなく、国際的にどの国を見ても、男性より女性の方が、平均 6.5 年程度長いのです。
学生らからは、
「タバコを吸わないから」「妊娠、出産するから」「男と比べ、社会で苦労しないから」などの意見が出ます。しかし、それらは、信憑性が薄いです。例えば、タバコを吸っても長生きしてる人はいます。女性でも、タバコを吸う人はいくらでもいます。
　そこで、Kim pitt は、学生たちに言います。
「男性にはない生理が女性はあるからだ」
1 人の女性が、1 回生理になると、平均 5 日間かかります。1 年は 12 ヶ月ですので、生涯を通して 40 年間生理があったとすると、5 × 12 × 40=2400。生涯を通して、2400 日間を生理に費やしています。これを 365 で割ると、6.5753…。つまり、6.5 年間生理中ということになります。そうしたことから、生理中は何もできなかったり、いろいろと大変だから、「君らはその分長生きしなさい」という、神様から女性への贈りものなのです。男性の皆さん、だから、女性は長生きできるんですよ！

32．これ以上は、別料金

　ある講義の中で、学生から、
「先生の嫌いな人は、どんな人ですか？」
という質問をされました。
次の 3 タイプを即答しました。
1. 知ったかぶりをする人
　よく理解していないくせに、ついつい知っているようなフリで話をする人。なんでも、知ってるかのような感じで、話のなかに割り込んでくる人。この知ったかぶりには、ほとんど自分に自信がない人が多いです。
2. 目立ちたがりやの人

常に自分の価値を証明しようと躍起になっていて、他人を犠牲にしてでも、自分さえ気分良くいられればいいと思っている、いわゆる性格ブス。でも、Kim pitt は、こんな人には厳しく意見します。むろん、彼（女）らは反論できない。なぜなら、彼（女）らは頭が空っぽだから。

3. 金持ちぶる人

　Kim pitt みたいに生まれつきお金を持っている人もいるし、学生の中には、金を箱ごと持って生まれたという人もいます。でも、金持ちのふりをする人は、他人にはドケチの人が多いものです。
学生「では、好きな人は !?」
Kim pitt「お酒が好きで、よく呑む人。そして恋ができる人」
学生「（他の学生を指して）先生こいつです。酒めちゃ強いし、彼女もいます」
そう言ってる学生に、
Kim pitt「きみはどうだ？」
学生「僕っすか !!　酒も弱いし恋もしてないです」
Kim pitt「なるほど、やはりそうなんだ。」
学生「何ですか、それ !?」
Kim pitt「なんとなく君を見てるとムカつくから」
学生「ひどい（T．T）」
教室の中は、爆笑。
学生「でも、恋ができないのではなく、しないだけです。忙しくて……。ちょっとだけ待っていてください。そのうち、必ず彼女見つけるから」
Kim pitt「君、わかってないね。だから、彼女ができない訳だよ、彼女は見つけるものではないし、しかも恋は暇なときにするものじゃないの。はい、この話はここで終わり」
学生「何ですか !!」
Kim pitt「これ以上は、別料金」

　変な誤解のために、話しておきますが、「君を見るとムカつく」と言えるのは、パワハラではなく、その学生とそこまでの人間関係が形成されているからです。

33. 恋がしたいのか、遊びたいのか

　女子学生からの恋の相談。要するに、彼氏が欲しいけれど、なかなかできないとのこと。

可愛い子だったので、彼氏がいてもおかしくないと思いながらも即答。
Kim pitt「好きな子はいるの？　いれば、すぐ倒せばよいの。倒すんだよ(＾ω＾)」
女子学生「嫌ですよ。どうやって？　女の子が先にそんなこと!?　できないですよ」
Kim pitt「好きなんだろう。その男の子のこと。早く倒さないと、他の女の子にその男の子を持っていかれてしまうよ。他の女の子に取られる前に、君がゲットするためには、先にやらないとやばいぞ(*^_^*)」
女子学生「そうなんですか」
Kim pitt「そうだよ。恋なんてそんなもの。すぐに実践することです。ところで、他に好きな男の子はいるの？」
女子学生「はい、周りに何人か!!」
Kim pitt「はっ？　君、彼氏が欲しいの？　ただ遊びたい男の子が欲しいの？　どっち!?　恋をしたいんじゃなくて、ただ男と遊びたいだけじゃん(*^_^*)!?」
女子学生「よくわからなくなりました。もう一度考えてみます」
　皆さん、恋について、愛について、学ぼうエロス学を！

34. 死にたい訳は

　いつも、活発に発言し、生き生きとしている男の子。ある日の講義中、全く発言もなく、下ばかり見ている。半分どころか、7割は死んでいるような感じ。
「どうした？」
と聞いても、
学生「別に、大丈夫です、疲れてるだけです」
しかし、講義の後、
学生「先生、話がしたい。ここではいやだから、場所を変えて…」
とのこと。
学生「今、彼女に、別れようと言われたんです（T＾T）」
Kim pitt「よかったじゃん、嬉しいことじゃん(*^_^*)」
なぜそう言ったかというと、Kim pitt は、好きな子に会えない苦しみより嫌な人と別れられない苦しみの方が深い、と思っているので…。
学生「冗談やめてください」
Kim pitt「好きなのね、その彼女のこと。それでどうしたいの？」
学生「死んでも別れたくありません」

Kim pitt「なら、答えは出てるんじゃん。死にたくないなら、彼女と話し合うしかないだろう。自分の命が大切なら何を悩むの？　すぐ連絡を取って、話し合うべきだよ。その結果次第でどうするかまた話そう」
Kim pittの話に納得したのか、学生は「はい」と返事をし、そのまま帰りました。Kim pittは、基本的に、結婚前のつきあいで別れ話が出たなら、すぐに別れるべきだと思います。浮気が原因ならなおさらです。浮気と麻薬と賭博はいずれも再犯率が高く、中でも、一度浮気で人を裏切ったことのある人は、再犯をくり返します。

　これだけは、若者に言っておきたい。命と恋との関係もわかってない人が、恋愛をするから、いつも騙されるのですよ。恋は相手に尽くすものではありません。自分に賭けるものなのです。

　まずは、恋について、愛について、エロス学を学びましょう！　そして恋は落ちるものではなく、「みずから踏みこむ」ものであり、与えるものです。

35. 今のその感情は体の慰めがほしいだけ

　講義中、寝ている"夢の中"の女子学生がいました。
Kim pitt「どうした‼　今日元気ないじゃんか。○○さんはいつも元気だから気になるね」
女子学生、「バイトで昨夜は徹夜だったので。ただの寝不足です」
Kim pitt「寝不足で疲れているのか⁉　その割には、君の表情は、やけに幸せそうに見えるけど？　ところで、どんなバイトやってるの？」
女子学生「コンビニです」
Kim pitt「そうか、君、そのうち、駆け落ちするかも（ ˆωˆ ）」
女子学生「なんですか、それ⁉」
Kim pitt「あのね、コンビニでバイトする人は、できちゃった婚が多いので、、、コンビニのレジの場合、深夜は必ずペアで仕事をしますね。しかも、若い男女カップルでお仕事をさせるから、深夜、男女が2人だけで仕事をすると、知らないうちに恋愛感情が芽生え、そういう関係になるのよ」
女子学生「せんせー、あたし、やばい。今の感情、まさにそうかも」
隣にいた彼女の友人、「何それ‼」、
女子学生「昨夜一緒にバイトした男の子は、一緒に働き始めて4カ月目。最初は全く好みのタイプではなく、なんとも思ってなかったけど、最近彼になんか、

妙な感じがするので、もしかして、これって恋の始まり!?」
Kim pitt「そうだよ、あとは映画みたいな恋にするには、子どもをつくることしか残ってない」
彼女の友人「そうだ、お前親に似てきたね。お前の親も昔、お前ができちゃって、親に反対されたので仕方なく駆け落ちし、その後結婚したんだろう」と、彼女の幼馴染で彼女の家族のことをよく知っている子が言っていました。周りにいた人は爆笑。
Kim pitt「君にとって恋ってそんなものなの(*^_^*)？　一時的な感情ではなく、もう少し愛について、勉強しなさい。今のその感情では、体の慰めが必要なだけかも。今は、疲れてるから、辛いから、一時的な感情で好きになったのかもしれないよ。しかし、君が幸せなときに、美味しいものを食べるときにその男の子のことが頭の中に浮かぶなら、それは恋だね。自分自身の気持ちに騙されない恋をするために、よく考えてみなさい」
　ほんの数分間の恋の相談、世間話!?　でした。

36. この世に生まれてきたのは奇跡である

　いつからか、「癒し系」、「癒される」といった言葉や物事が、何かと話題になりますね。でも、本当にそれで良いのでしょうか。本当の癒しとはなんなのか!?　自分の苦痛を、本当に他者が癒してくれるのか!?　そして、本当に他者に癒されるのか!?　それは、ノーですね。ただ、一時的にリラックスできるだけです。自分の苦痛を乗り越えて、希望に変えられるのは、自分しかできないことなのです。つまり、他者ではなく、自ら決着をつけるしかないです。
　皆さんは、次の作品をご存知でしょうか。この作品は、19世紀に活躍したイギリスを代表する画家・彫刻家のジョージ・フレデリック・ワッツ（1817-1904）の「希望」（Hope）という作品です。
　目隠しされた（視力を失ったとも言われる）少女が、地球に腰掛けて、たった一本だけの弦で竪琴を弾こうとします。よく見えないかもしれませんが、真ん中より少し左側の上に、星のようなか光が見えます。目に見えるものもなく、真っ暗な闇の中で行われようとしている一人の少女の行動。いろいろと考えさせられます。わずかな光を頼りに、たった一本しかない竪琴を希望を持って弾こうとしています。人間目に見えるものだけがすべてではないのですね。

37. 幸せでいるための一つの合言葉

　あなたは、過去と未来に執着しすぎて、苦しんでいませんか？　そんな方のために、エックハルト・トール（Eckhart Tolle）の「The Power of Now」2001年（和訳名「さとりをひらくと人生はシンプルで楽になる」2002年）の本の一部を紹介します。

　この本では、人間がいつも幸せでいるために、「今を生きる」が、一つの合言葉になると言っています。まさに、本のタイトル通りですね。今を生きれば、悩み、不安、苦しみ、トラブルは、絶対に消えるというのです。

　人間は、「今＝ now」の悩み、苦しみ、不安、などに抵抗することにより、それらと自分の思考が一緒くたになり、その結果苦しみを生むのだといいます。そして、未来は思考の中だけに存在する幻であり現実には存在しないとも言っています。

　今を生きるために？　大事なことは、時間の概念を捨てること。少なくとも普段の生活の中で必要以上に時間にとらわれないようにすることです。今この瞬間起こっていることを、自分であらかじめ選択したことのように受け入れることです。

　またこの本では、人間は完全になろうとしてもがき続けるから、エゴ的思考が生じ、「わたしは不十分」という気持ちが芽生えるのだと分析しています。その結果、「わたしは価値がない」という不安定な感情がいつも表面化し、それらを補うために、お金、成功、権力、賞賛、親密な人間関係など、表面的、かつ他人に見せるためのものを必要以上に自分に求めることになるというのです。これらを払拭するためには、人間は、「悟ること」、「目覚めていること」が大切であると言ってます。これは、イエスも仏陀も言っていることですね。「悟りなさい」「いつも目覚めていなさい」と。

　仏陀（bu d dha）とは、サンスクリット語では、「悟った人」「目覚めた人」を意味します。「悟り」とは、「煩悩の終わり」と言われています。だから、人間が生きてる間には、悟ることはできないといわれています。それでも、今日も目覚めた人間でありたいですね。

　「今を生きる」大切さについて語った、次のような有名な言葉があります。

The past is history, the future is a mystery, and this moment is a gift.
That is why this moment is called the present.

幸せを求め
教育に必要なものは

1. 過去の生徒の姿だけ見ているのか、今の彼の姿を見て欲しい

　入試のシーズンが近くなると思い出す一人の若者がいます。
携帯にかかってきた一本の電話。
学部のゼミ生で、卒論指導をした卒業生からでした。彼は今、塾を経営しています。
卒業生「先生緊急で相談したいのです。塾で世話をしている生徒の高校入試で非常に困っているのです」
話を聞くと、ある男子生徒は、中2の時から3年生の初期まで、いわゆる不良（染髪、飲酒や喫煙、暴力）で、何度か警察にお世話になっていました。しかし、その生徒が3年生の夏休みの目前に、Kim pitt の教え子と出逢い説得を受けると、髪を染め直し、酒もタバコもやらなくなり、勉強に励みました。その結果、第1志望校の公立の工業系高校に合格できるレベルまでの学力を身につけました。ちなみに、その生徒は大工になるのが夢なのだそう。そんな夢を抱きながら都立高校を受けましたが、結果は残念ながら不合格。実は、その生徒の生活ぶりが書かれた「内申書」がその原因だったそうなのです。

　話によると、その生徒の中学の先生が、高校にわざわざ電話を入れて、その生徒が「要注意人物」であると伝えたのだそうです。その生徒もそれは仕方ないと思い、開き直りいくつかの私立高校を受けましたが、結果はすべてダメ。それもやはり「内申書」が原因だったようです。教え子によると、実際にその生徒の「内申書」を見たところ、かなりひどい内容だったそう。
教え子「生徒は張り切って勉強してきたのに、かなりがっかりして泣いてばかりいます。かわいそうで見ていられないです。裁判でも起こした方が良いでしょうか。」
以上が相談の内容でした。そこで、Kim pitt は彼に言いました。
「よしなさい、裁判は何年もかかるし、今はとにかくその子が進学できる方法を考えよう」
教え子「もう遅いです。都内の試験はすべて終わりました」
もう少し話を聞くと、その生徒が住んでいるのは都内ですが、神奈川県にほど近い。
Kim pitt「神奈川県、または千葉県で調べなさい」
と調べさせたら、翌日連絡がありました。

教え子「先生、神奈川に、まだ試験に間に合う私立高校が一つありました」
Kim pitt「そこに願書を出しなさい」
教え子「学校がまたふざけたことをするから、無理ですよ」
Kim pitt「とにかく出しなさい。後は任せて」
教え子「先生、その子に会ってもいないのに、先生にそこまでお願いすることはできません」
Kim pitt「うるさい。言ってみれば孫弟子だろう。君のことを信じているから、それでいいじゃない」
と言い、とにかく願書を出させました。願書提出が確認された後、すぐその高校の校長宛に次のような内容の手紙を書きました。
「過去の彼は不良でしたが、今、彼が立派に更正した姿を見て欲しい。ひいては、これから彼がどのように成長していくのか、見て欲しい。それが教育というものではないか。とにかく、その生徒のことは、Kim pitt が自分の信念や肩書きをもって推薦する」
手紙を速達で出したおかげなのか、2日後に全く覚えのない電話番号から携帯に電話がかかってきました。電話の相手は願書を提出した高校の教頭先生からでした。校長先生からの指示で連絡をくれたそうです。内容を要約すると、
「手紙を読んで、なぜ、私たちは先生のような見方をしてこなかったのかと、非常に感銘を受けました。内申書は見ないことにした。ただ一つ条件がある。2日後の学力テストに合格しないことには我々としても ──」
そして、学力テストを受け、見事に合格しました。

　その後、その生徒の夢は変わりました。大学の教育学部へ進学し、学校の先生になるのが、夢だというのです。残念ながら、一度目の受験には失敗しましたが、浪人の末合格し、教育学部で学生生活を謳歌しています。相談を受けてから、もう4年目が経とうとしています。あ〜、嫌ですね。Kim pitt もその分おっちゃんになってしまいました。

2.「亡くした心を取り戻す」ためには、何をすべきなのか

　今の社会は、正気じゃないと思います。親が子どもを殺し、子どもが親を殺します。殺人、防火、強姦、窃盗などのニュースをメディアが平気で流します。そんな社会やメディアに慣れたせいなのでしょうか。われわれも感覚が麻痺し、

恐ろしい事件があってもあまり驚かなくなりました。残念ながら、寂しい世の中になってしまったと言わざるを得ません。人間が心をなくしてしまっているのです。「なくした心を取り戻す」ためには、何をすべきなのでしょうか。それは、コミュニケーション力（対話力）を育むことです。コミュニケーション力を育むためには、どうすればよいのか。それは、いわゆる「人間力」（ともに生きる力＝共生）の育成が大切です。まず、人間という言葉は「人生世間」の略字であり、「人間力」とは、「人の間の力」を意味しているのです。

　1972年のユネスコの報告書『Learning to be』では、人間の学習法について次の3つを提案しています。それが、Learning to know（知ることを学ぶ）、Learning to do（なすことを学ぶ）、Learning to be（人間として生きることを学ぶ）です。ここで最も大切なことは、「人間として生きることを学ぶ」ことです。その後、1996年のユネスコの『学習：秘められた宝』（Learning : The Treasure within）で「人間として生きることを学ぶ」という原則の前に、「人と共に生きることを学ぶ」という原則が加わりました。「人と共に生きることを学ぶ」ためには、何よりも「他者を理解すること」「他者と共同で作業ができる」ことから始める必要があります。しかし、他者を知るためには、ソクラテスではないけれど、まず己を知ることが大事です。自己を知り、他者を知るためには、まず、縁や絆、出逢いを大切にすることです。そうしたことからコミュニケーション力は育っていくのです。

　他人と自分の生活を比較せずに、昨日の自分と今日の自分を比較してみましょう。自分の人生は、昨日より楽しかったか──を考えてみるのです。

3．言葉のジェンダー

　ことわざや、女へんの漢字には、女性に対して差別的な意味合いが含まれているものが、多く存在します。まず、ことわざから見てみましょう。

　例えば、「良妻賢母」「女は三界に家なし」（女は幼少の頃は父親に、嫁いでは夫に、老いては子に従え）、「稼ぎは男に繰り女」「亭主関白」というように、性別役割分業や社会的地位を表現したものが少なくないです。つまり男性の権威を表すものが多いのです。

　一方、「女は、髪は長いが脳は短い」「女房と畳は新しい方が良い」「初鰹は女房を質に入れてでも食え」「女心と秋の空」や、同じ漢字文化圏の韓国でも、「女と明太は叩けば叩くほど味がでる」など、明らかに差別的な意味合いのことわ

ざが少なくありません。イギリスでも、A woman, a dog, and a walnut tree, the more you beat them the better they be（女と犬とクルミの木は、叩けば叩くほどよくなる）といったことわざがあります。西洋も同様なのです。

　漢字について考えてみましょう。怒る・嫉妬・妖い・妬む・妨げるなど否定的な意味を持つ漢字に女という字が数多く使われています。こうした傾向は、漢字文化圏だけに限りません。英語人類を Mankind と言います。明らかに男性社会を指すものです。その他、Chairman, cameraman, anchorman など、それがたとえ女性であっても、男性名詞で表されます。一方で、悪魔、台風などの否定的な言葉は女性の名が用いられ、太陽や天使など肯定的なものには男性の名がつけられます。

　かつて PTA では、父兄という言葉がよく使われていましたが、差別用語なので使ってはならないことになっています。今でも PTA に参加している女性の保護者の中には、父兄という言葉をしばしば発する方がいます。

　犬のことを英語でなんと言いますか!?　100%が Dog とこたえます。しかし、この Dog は、既にひとつの性別を排除したものです。
学生に「君、Dog は雄だけだよ」
と言うと、慌てて辞書を調べ、Bitch（雌犬）もあることに気づくのです。男性は Mr。しかし女性は、結婚すると miss から Mr's に変わります。その区別をなくすために、Ms が使われるようになったわけです。さて、Mr's とは何なのでしょう。それは、結婚すると男の所有物になることを意味します。

4．ワイドショー的な感じで取り上げて欲しくない

　最近、また、いじめが原因で中学生が犠牲になりました。犠牲とは、自ら死を選んだこと。選んだというよりは、選ばせられたのかもしれません。心底からご冥福をお祈りします。

　このような痛ましい事件があると、メディアでは、教育評論家と言われる○○ママや、もはや芸能人のような社会や教育の専門家と言われる人達を番組に出しては騒ぎ出します。正直、彼（女）らの騒ぎは見ていられないです。最近は政治や経済問題までも口を挟むようになりましたね。本当におかしい。というか悲しいです。日本を代表するオピニオンリーダーのレベルがこの程度なのか。なぜか、Kim pitt 自身が情けなくなります。

　いじめの課題は芸能問題ではありません。だからワイドショー的な感じで取

り上げて欲しくないのです。子どもが自殺すると、毎回メディアを中心に、国をあげて騒ぎ出します。でも、すぐ忘れ去られます。今度の騒ぎもいつまで続くのでしょうか!? 毎回騒いでも何も変わっていません。

　番組に出演しているいわゆる評論家という人達が、いろいろと意見としてしているけれど、それは意見ではなく、お前さんの感想や現場に対する文句に過ぎません。しかも、俺様はこんなに偉いんだという話す姿も、見るに耐えません。痛ましい事件について、彼らは、まるで現場にいたかのように話しています。しかも、教育現場の悪口ばかりを。
「なんであんな教員を採用したのか」といった文句はあると思います。でも現場や生徒本人の姿を、どれだけ知ってるのでしょう??

　生命の尊さや子どもを善くするための話ではなく、学校や先生らの子どもに対する対応の悪さばかり語られています。要するに学校や職員、ひいては親を責めるような発言をして、自分たちの人気を上げることばかり考えられているような気がします。Kim pitt は、教育万能主義者ではないです。でも言えるのは人間が、子どもがそこにいるから、学校も先生も教育も存在するわけです。現在、15歳から30歳までの死亡原因の一位が自殺です。この国において、根本的な課題は何か?? いじめによる自殺者は、全体の自殺者から考えると少ないです。だから、いいんだという意味では決してありません。

　視聴率を上げるためではなく、もう少し、マシな方にご意見や助言を求めるべきです。芸能人がいけないのではなく、芸能人は芸能活動を忠実に行えば良いのです。心底から、子ども達の人権、学習権、命について、日本の社会や教育のあり方について、真剣に考え直す時期がきています。

5．学校教育に最も必要とされるのは？

　いきなり、変な話になりますが、
「日本人は物事を白黒つけるのが上手だと思いますか、下手だと思いますか」
というアンケートの結果、
そう思う　21%
そう思わない　7%
どちらともいえない　72%
でした。結果から判断すると、「下手だ」ということになります。
　国際的な視点から、日本人は 3'S と良く言われています。ただし、あくまで

も一般論です。では、その3'Sとは、何なのでしょうか？　先ず、「silence」。つまり発言しない。沈黙！　です。これは、大学生にも多く見られることです。意見を言わないです。

　2つめのSは「sleeping」。発言しないせいなのか、よく居眠りすることです。

　最後のSは「smile」。微笑みです。これは、良い意味ではなく、ネガティブな意味です。つまり、困ったときは、とにかく笑ってごまかす…ことです。つまり、ノーと言わなければならない時、ノーと言わず、言えず笑ってごまかすことです。または、「考えてみます」と言い、逃げます。実は、ノーと言える力は人間関係においてとても大切です。人間関係で上手くいかないのは、もしかして、これが原因なのかも!?

　この話を通信制の社会人大学生の講義でしたところ、そこにいた多くの方から、納得のいく話だといわれたことがあります。さらにそこにいた大手航空会社に勤務されているスタッフの方から、「是非我が社で講演を」という依頼があり、講演会をやらせていただいたことがあります。

　昨今の大きな社会問題であるいじめ問題。子ども達に、このノーと言える力を育むことで、黒白の識別ができ、さまざまな問題が改善されると思います。

6．リアクションペーパーを書かせることで明らかになります

　講義の内容を、一部しか聞かず、勘違いや思い込みをして、自分が好きなように解釈する子が少なくありません。それは、毎回、必ず書かせているリアクションペーパーの中身を見れば一目瞭然です。その代表的な例を紹介します。

　日本教育史についての講義。福沢諭吉さんの教育論の中で、彼の国立大学廃止論について説明をしたときに、「先生の思想はおかしい」と、リアクションペーパーに書かれたことがありました。「Kim pittの思想ではなく、諭吉さんの思想であることを理解してほしい」と言ったのにもかかわらず、同じことを言う学生が結構います。Kim pittは諭吉さんの教育論には大賛成ですけど。諭吉さんのような人がいたから、今日、日本が世界第2の知力国として成長し、24人も（日本人、又は元日本人）ノーベル賞受賞者がいるわけです。

　学生達に日本の高校進学状況について話した際に、
Kim pitt「東京・神奈川、大阪・京都・神戸、名古屋などの三大首都圏では、私立の超進学校の偏差値が高く、続いて公立高校、そして、滑り止めとされる私

立高校の順です。しかし、三大首都圏以外は公立高校の方が偏差値が高く、難関高とされる傾向にある」
と説明しましたが、なぜか、
「先生から、日本は私立学校の方が偏差値が高いという説明を受けたが、おかしい。僕の県では、県立高校の方が偏差値が高い」とリアクションペーパーに書かれていました。ちなみにその男子学生の出身県は、まさに地方の県でした。彼は、講義中ずっとおしゃべりしていた学生です。それがなぜわかるのかというと、Kim pitt は受講生が多くても、学生の顔と名前をほとんど覚えているからです。

そしてもう一つだけ。Kim pitt は AB 型が苦手だし、なぜか AB 型には弱いと講義中に話しました。すると、
「先生は AB 型が嫌いというが、それは差別発言だからやめてほしい」
…いつ嫌いと言ったのか？ もし言ったとしても、それは好みの問題だから何が問題になるのでしょう。

このように講義の内容を自由に解釈して、好き勝手に書かれることもありますが、一人一人とコミュニケーションをとるためにも、リアクションペーパーは大切です。学生の中には、リアクションペーパーを書かされているだけで読まれていないと思い、言いたい放題の内容を書いている子がいるかも？

7.「自分で生き方を決める力」を育むこと

　なぜ人間は教育をここまで複雑に発展させたのか！
　人間と動物との違いとは、何か？　世界史や社会科で習ったはずです。古代ギリシャの哲学者アリストテレスは、「人間はポリス的動物」と言っています。ポリスとは何か？　ポリスは社会であり、人と人との集団のルールです。このルールを学ばせるために教育があると言えます。であるならば、ルールを学ばせるために、教育はどうあるべきなのでしょう。また、社会のルールは何なのでしょう。近代以来、そのルールは法律の名の下に定められました。しかし、古代から近世に至るまでは、身分制度そのものが社会のルールでした。
　ヨーロッパでは、キリスト教、つまり聖書が、日本では江戸時代まで四民階級（士農工商）が、お隣の中国や韓国でも、インドではカースト制度がそれにあたります。
　身分制度と言えば、自由を束縛するイメージがありますが、平民は生き方に

悩まなくてもよかった時代でもありました。神、王、国家に従えば、なんの問題もなく生きられたのです。そのおかげで楽に生きられたのかもしれません。

こうした時代は、支配階級しか教育を受けることができませんでした。だから平民は、一日一日働けばそれでよかったのです。しかし、近代以来、人々の移動が激しくなることによって、身分制度は崩壊しました。これによって、人の生き方は自由になり、生き方に悩むようになりました。

しかし、その生き方は誰も決めてくれません。学校の先生や親の言う通り、言われるままに生きていませんか？ 今の日本が世界で生き残るためには、どんな教育を行うべきなのでしょうか？ それは、「子どもたちが自ら自分で生き方を決める力」を育てることではないでしょうか。さらに「社会参加できる力」を育てることです。こうしたことができないなら、人間ではなく奴隷に過ぎません。つまり、ものを言う動物に過ぎないのです。

大切なのは、親や学校の先生に、「私の人生は私のもの、だから私にお任せください」といえる力です。

8．君たちの行動や考えにより、1％が100％になり、逆に99％の確率が0％になる

学生の皆さんには、いつも「心師」を目指すことを心がけるようにと話していますが、最近は心師になる以前に教師、つまり教諭として採用されるまでの道が険しいです。

教科や学校種別により異なりますが、初等・中等学校の教員採用試験に採用されるここ数年間の平均値は、教員免許取得者の12.5％という統計があります。そのようなデータから、「心配で勉強にならない」「落ち着かない」「自信がない」というネガティブな声をよく耳にします。だから、就活と同時進行で目指す学生もいます。

「何だ、君たちにとって教職と言うのは、同時にやる程度のことなのか。そんなもんだったのか！」

と思いながらも、本人の将来にかかわるものだから、助言をするのは難しいです。
しかし、彼（女）らには、聖書からの引用で、
「明日、何を食べるか、何を着るか心配するな、明日のことは明日がする」
という言葉を贈ります。また、「心配する時間があるなら、手を挙げて、前に出てきなさい」と、自分らの夢へ、より積極的、かつ肯定的になるように鼓舞し

ます。そして、
「仮に、1％しか確率がなくても、君らの行動や考えにより、その1％が100％になり、99％の確率があっても君らの行動や考えにより、それが0％になる」ということをつけ加えます。今までの経験から、講義に積極的に参加し、肯定的な考えを持っていた人、その多くが自分らの夢を実現させ、今もどこかで心師になろうと、日々努力しています。

　ひどい時には、1クラス200人以上の単位で講義を受けている私立大生の皆さん、少人数で講義を受けている国立系の教育学部の学生らとの競争で勝つためには、何が欠けているのか考えたことはありますか！　決して入学時の偏差値の問題ではありません。これは教育環境の問題です。もちろんこれは、学習者のやる気だけでは良い結果をあげることは難しいです。間違いなく適切な助言は肝要です。しかし、教員の中には、どうせ受からないから、教員免許だけ取らせれば、それでいいと思っている人がいます。彼（女）らを教員と言えるかは別の問題ですが…。

　学習者の夢を実現させることが、教員の仕事です。とにかく、皆さん、ポジティブになることです。黙っていては、君のことを誰も助けることもできないことを、常に心に留めておきましょう。

9．10代20代の死亡原因の1位は自殺

　一枚の写真があります。その写真の中の子どもは、自分が住んでいる高層マンションのエレベーターの前に座り込んで泣いていました。その子の家は13階なのに、エレベーターに乗らず、歩いて最上階の23階まで行きました。23階に着いたその子は、植木鉢二つを重ねて置きました。自分の身長では、安全のために設けられた柵に届かなかったため、植木鉢の協力を求めたわけです。しばらく経つと、その子は消えました。一枚の手紙、つまり遺書だけを残して。その一枚の手紙だけが、その子がこの世の中に残した痕跡です。そこには、感受性が強い15歳の少年にはあまりにも悲しすぎる悲劇が書かれていました。その悲劇の内容は、こうでした。

　ある教室の中で、同じ年齢の子ども達が加害者となり、極めて残酷な方法で悲劇の主人公をいじめ、虐待を繰り返し行っていました。皆の前でズボンを下ろし変な行動をさせながら、性的な羞恥心を与えるなど、いわゆる性的ないじめまでしていたのです。それだけではありません。長時間に渡り暴行を加えたり、

人の物を盗ませたり…。しかし、これを見ていた生徒の中から誰一人、それを阻止しようという人はいなかったのです。教師までもが、加害者の行動を傍観していました。

10代、20代の死亡原因の1位は自殺です。この国の子ども達が書く悲劇のシナリオは年々増加していますが、こうした悲劇の執筆をくい止めるための努力や解決策は、あまり見られません。問題が生じると、その時だけ、いわゆる教育評論家を名乗る人や、メディア関係者が熱くなり騒ぎ出しますが、すぐ冷めます。

10．皆さんが生まれてきたことが奇跡です

コミュニケーションや、人々の交流のために誕生したと言われるSNSまでもが、いじめの手段として悪用されています。子どものために設けられた、各種の相談電話さえ、なかなかつながらない状態です。運良くつながっても、マニュアルに書かれてるようなことしかしゃべらない電話の向こう側の人間と、命の危機を感じている子どもが、どれだけ通じ合うことができるのか‼

いじめによる事件や体罰で、子ども達が苦しんでいるときに、学校は何をしているのか、いたのか！　発生してしまうと、学校の責任者らは、「知らなかった」「そんなこと我が校に限ってはない」などと言うが、そうした無責任な発言には怒る気力も失ってしまいます。

「死にたい」と絶叫している子ども達の叫びを、「喉が渇いてます」と水を求めている子ども達の叫びを聞けない教師達。教師という職業の役割は何なのでしょう。あなた達にとって正義とは何ですか？　教員養成をしている者として、深く考えさせられます。

ここに、一枚の写真があります。一人の中年女性が、誰かの遺影を持って、お葬式の場で号泣している写真です。23階の高層マンションから飛び降りた少年のお母さんです。こんな事件が起こる度に、テレビ局や心理学者、教育評論家と名乗る人だけが忙しくなります。そんな人達によって、いじめや自殺、子どもの心理の分析をしても、社会全体が現実的に怒りを感じ、憤慨しない限り、何も変わらないのです。犠牲になった子どもの遺影を胸に抱え、号泣するお母さんやお父さんの怒りを、私たちみんなの怒りとして表現しない限り、改善されません。

あるテレビ番組で、就活中の大学生の2割以上が真面目に自殺を考えている

という問題を取り上げていました。これは何を意味しているのでしょう。この社会に対して言いたいことは山積みです。

そして、自殺を考えている彼（女）らにも、言いたいです。人間誰もが自分で望んで生まれてきたわけではありません。だから、死ぬときも自分で選んでは、ダメなんです。世の中にあなたは1人だけ。皆さんが生まれてきたこと自体が、生物学的に奇跡であり、皆さんは貴重な宝物なのです。

11．寂しさを乗り越える教育が必要

人間は無意識の中で受けた心のキズを、なかなか払拭することができません。そして、後に暴力的な行為として現れます。特に胎児の時に受けたキズは、さらに強く現れます。実際に心理学の研究でも、「へその緒が頭に巻きついて産まれた子は首吊り自殺する確立が高い」「胎内にいるときに、母親、または父親が暴力を振るっていると、男子は暴力的になり、女子は暴力的な男に惹かれる」と言われています。これは、母体が受けた心のキズにより、ある日突然、何かが胎児に擦り込まれるのではないかと推測します。

その代表的な例がいじめです。それは、いじめっ子は人の苦痛を見ることで何となく心の安定を得るからだと思います。彼（女）らは、弱いものいじめをして、他人を攻撃するたびに心理的な報酬を受け取り、反応の強化が進んでいるのです。

Kim pitt は、「寂しさを乗り越える教育」をしないから、いじめが起こると思います。「寂しいまま社会に出るから、そのまま成人になるから、大人社会でもいじめが多発する」わけです。「寂しさ」の表現が「いじめ」に結びついているのではないか、と思います。

12．「批判力」を育てる教育が肝要です

保護者の皆さん、いじめがあったとき、学校へ意見をすることでモンスターペアレンツのクレームだと思われないだろうか、自分の子が不利益になるのではないかという考え方はしないで欲しいです。教員も、むろん、保護者とのコミュニケーションをしっかり取るべきではないかと思います。いじめっ子やいじめられっ子の心のケアが大切と言われていますが、そんなに簡単なものではありません。いじめの改善のためには、学校の先生の教育も肝要です。そして何より、家庭での保護者と子どもとのコミュニケーションの練習が急務ではないかと思

います。特に家庭における聞く耳、聞く力、話術などの能力を身につけさせなければなりません。Kim Pitt がいつも言っている「問題が何か起こった時にどちらか片方の話を信用しない」ということにも繋がります。

　そして、心のケアには、愛や心が絶対に必要だと思いますが、今の教育現場において心のケアができる先生は少ないですし、今の教育予算や制度の上では厳しいです。いじめ問題の改善のためには、今の日本の教育に欠けている「批評力」を育てることが肝要です。今の子ども達は、ほめられることには慣れているけれど、批評されることには慣れてないので、自分の意見に対する批判を言われると、自分の人間性までもがダメだと言われたと思い込む傾向が強いのです。議論を客観的に、大きく俯瞰して見る「メタ認知」のような技術を学ぶことが必要です。幸い現行の指導要領のキーワードが、思考力、表現力、判断力ではあるものの、本当にこれらを育成するためには、批評力を身につけさせなければなりません。何かを批判できることは人間だからできることです。

　とにかく、いじめは、虐待で、つまり犯罪です。そして、傍観者は共犯者です。子どもの学習権を守るためにも、許せない行為です。さらに、許せないのは、そんな子ども達の学習権を守るための「オルタナティブ教育」を認めない行為です。

　子ども達の一度きりの人生をこのまま終わらせてはいけません。制度や法律を守るための、政治家や国好みの人間の育成ではなく、ひとりの人間として育成するためには、何が変わらなければならないのか、何を変えるべきなのか、より積極的に、社会全体で考えなければならないのです。そうしなければ、子どもたちに明日はありません。今日にでも行動を起こさないと、死んでしまうかもしれない状況なのです。

13．出過ぎた杭は打たれない。　　むしろなんらかの役に立つ

　ドイツの社会学者マックス・ウェーバー（1864 〜 1920）は、その著書「プロテスタンティズムの倫理と資本主義の精神」の中で、
「勤労こそが神を喜ばせる唯一の手段とするプロテスタンティズムが資本主義の発展に貢献した」
と言っています。ここに、日本の伝統的な考え方との決定的な違いがあり、日本では働くことというより、苦痛に耐えることそのものが美徳なのです。そう

した日本的な考え方に対して、欧米、又は少なくともプロテスタンティズムにおいては、全くそのような考え方は存在していなかったのです。

なぜ、「日本人は苦痛に耐えることが美徳」「我慢することに慣れている」などと言えるのでしょうか。「長いものには巻かれよ」、「寄らば大樹の影」、「出る杭（くい）は打たれる」といった言葉は、こうした消極的な国民性（一般論）を象徴している気がします。Kim pitt は学生らに、
「出る杭は打たれるけど、出過ぎた杭は打たれない。むしろなんらかの役に立つ」と言っています。

果たして、主体性のない国民を育成した原因は何なのでしょうか⁉ 明治以降、政府は教育の場において、必要以上に「忍耐」を強調しています。その代表的な表れが「我慢する」「頑張る」という言葉です。それは、近代国家として国家の建設に必要な国民の思想の統一のために「現状に不満があっても耐えよ」または「自分のせいとし耐えよ」という意味での「忍耐」であって、決して社会変革や自己実現、自分の意志を貫くのに必要な「忍耐」や、多種多様な考えでの「忍耐」ではありません。（岡本昌裕著「快感原則論ー楽しく生きる」より。日本図書刊行会、1997年）

14. 義務教育について

　日本の義務教育制度、就学の義務は、いわゆる「一条校」にこだわった制度です。それ故に、学校だけが教育を独占し、教育の場として認められています。つまり、学校だけが唯一の正統な学びの場として認められているのです。では、そうした学校の学びの中身はどうなっているのでしょう。

　現在、ゆとり、生きる力、人間力といった育成を目標にしながら、実際に求められているのは学力です。生きる力の育成ということで、学習内容を3割カットし、総合的な学習時間を設けていましたが、OECD 経済協力開発機構の PISA 学習到達度調査の結果、順位が下がっただけで「PISAショック」と言われるほど大騒ぎになり、日本は国際的な笑いものになりました。そこで、再び学力の向上が大きな課題となり、総合的な学習時間の削減を実施し、学習時間や量を増やしました。本当は、生きる力の育成、ゆとり教育をやめたいけれど、さらに国際的な笑いものになりたくないがために捨てられないのです。

　国が"なんとか審議会"の答申に基づき施策を定め、学校や教員らはそれに従って子ども達を指導しただけなのに、自分らの施策の失敗を認めず、すべて教員

の指導力の欠如、子ども達のせいにしています。ゆとり世代と言われている彼（女）らは、そうした国の失策の被害者なのです。

　教育制度においても、何を学んだのかではなく、どの学校を出たのか、を問題としてます。だから、Kim pitt は、冗談で学生によく言います。
「東大は出ていなくても、出るところはすべて出ている」

15．何が子どもたちを幸せにさせるのか

　最近、子どもたちに育んでほしいコンピテンシーの一つとして、文部科学省によって最も強調されているのが人間関係形成能力です。そのためには、コミュニケーション力を身につけさせるべきだと言われています。

　このコミュニケーション力は、心の豊かさや、人間、ことに子どもたちの EI（社会性）を育む上でも大切なことです。では、コミュニケーション力の向上のためには、どうすればよいのでしょうか？　それは、やはり聞き上手＝耳が生きていることです。

　しかし、残念なことに、子どもたちのコミュニケーション力を育むべき学校の先生の多くが、コミュニケーション力が乏しいのです。その原因は、教員らの「聴く力」にあります。つまり、口しか生きておらず、耳が死んでいるのです。そのため、Yes,but ではなく、No, because しか言わない先生が多いのです。それは、子どもたちの話をよく聞かないからです。また、話を聞きながら、すぐにその話を判断し、評価を急ぎます。さらに、子どもたちの話を顔や目を見ないで聞き、自分の目はパソコンや別のところに向いている、悪い癖を持つ先生がたくさんいます。もちろん、一生懸命に子ども達の話を聞いてくれる先生もいますが、少ないのが現実です。

16．学生がそこにいるから、教員です

　携帯に一昨年と去年、教職科目を受けていた学生からメールが届きました。
学生「先生、急に相談したいことがあるので…」
Kim pitt「緊急なの？」
即答したところ、
学生「はい。明日まで待ちきれない。子どもの命に関わることなので」
Kim pitt「では、これから逢おうか？」

学生「はい、先生はお時間大丈夫ですか」
Kim pitt「緊急だろう？」
学生「はい」
というやりとりをして、理由も何も聞かず、会いに行きました。そこには彼以外に会ったことのない男の子が一人いました。
Kim pitt「久しぶり、元気だった？」
学生「はい、実は、この子のことで…」
その子に、笑顔で
Kim pitt「はじめまして、何？　僕が好きだから告白でもしたいの？」（笑）
男の子「実は、僕の弟のことですが、学校で深刻ないじめにあっていて…」
彼の話を聞くと、よくある最低なパターンのいじめでした。彼の声は最初から、いかりや悲しみで震えていました。学校や親との連携がどうなっているかなど、いじめはその状況をしっかり把握してからでないと解決の糸口が見つからないことや、いわゆるいじめっ子に対する心のケアを先にしなければならないこともあり、Kim pittのそれまでの経験談を含めたいろんな話をしました。
Kim pitt「大変だったね、弟さん。Kim pittでよければ、今後の対策についていつでも力になる」
と声をかけました。
　その帰りに、ブーバーの言う「教育的出逢い」「神様からの恩寵」とはこんなものなのか、と考えました。
「人間は＜なんじ＞に接して＜われ＞となる」
＜なんじ＞です。学生がそこにいるから、教員が存在することを改めて実感し、感謝の気持ちが心底から湧いてきました。

17．学力低下ではなく、学力の格差が課題

　皆さんは、学力低下、学力格差、と言う言葉にどんなイメージをもっていますか？　学力低下は、1999年を皮切りに火がつき、社会問題になりました。その後、全国規模の学力テストの結果から、学力格差が大きな社会問題に発展しました。とにかく、今、教育が抱えている弊害として、「いじめ」「不登校」などとともに、「学力」もひとつのキーワードになっているのです。
　なぜか、「ゆとり教育」が、その学力低下の犯人にされています。そして最近では、「週6日制」に戻すなど、その対策が練られています。ある意味では、「ゆ

とり教育世代」の児童・生徒・学生も被害者だと言えます。
「最近の子は！　ゆとり世代の子は！」
という意味のない無責任な発言はやめてほしいです。彼（女）らのせいにしないでほしいです。彼（女）らが気の毒です。

　ゆとり教育は、さまざまな変遷を経て実施されました。1958年に戦後初めて告示された知識重視型の『学習指導要領』から始まり、1968年の改訂版では、能力中心、詰め込み式教育中心、受験戦争による人間性の衰退、といった社会的批判があったことから、1977年に改訂されたものでは、人間性豊かな児童・生徒の育成がキーワードに。さらに、1989年の改訂版では、国際化・情報化、1998年にはいわゆる「生きる力」をキーワードととしています。その後の2008年の改訂では、「生きる力」を残したまま、再び「確かな学力」を掲げ、学力の向上が強調されるようになりました。「確かな学力」のキーワードは、「表現力」「判断力」「思考力」です。

　文部科学省が、児童・生徒の学力問題にここまで神経質になったのは、OECDによるPISAの15歳の高校1年生の読解力、数学的リテラシー、科学的リテラシーや、IEAによるTIMSSの小学校4年生、中学校2年生の理数の結果によるものです。なぜそこまでびびるのでしょう‼　国際的メンツなのか、本当に子どもらのことが心配なのか⁉

　これらのテストに合わせ、文部科学省自らが小学校6年生と中学校3年生に実施している学力テストがあります。皆さんは、現在12の都府県の高校生に実施している、国語、数学、外国語の共通テストを、全国規模での実施を文部科学省が検討していることを知っていますか？　これは、2015年12月17日にあきらかにされたことです。テスト導入の狙いについて関係者は、「基礎学力を確認し、勉強意欲を引き出すことにある」と言っています。

　その中身は、国語や数学など基本的な教科について、高校1年生レベルの難易度を想定し、「一定の学力を担保する」ためで、大学のAO入試や、推薦入試の参考資料として使われることも期待しているようです。「中央教育審議会」の高校教育部会の資料によると、「基礎的な知識・技能、思考力、判断力、表現力」などを評価するテストで、希望に応じて受けられる仕組みにする」ということです。

　フリースクールのパイオニア的な存在である、アレクサンダー・サザーランド・ニイル（1883-1973）は、
「豚を育てている人は豚を科学的に飼育している。しかし、教師は消化不良の餌

を無理やりに飲み込ませるという非生産的なことをしている」
と言っています。ゆとり教育、学力向上もむろん大切なことですが、子ども達に最も必要なことは、「実りのある教育」ではないかと思います。子ども達は豚でもなく、実験のための道具でもなく、人間です。
「いじめ」「不登校」「学力」など、今、日本の教育界が抱えている教育の弊害を本気で良くし、子ども達を「善くしたい」なら、ニイルが何を言わんとしているのか、真剣に考えるべきではないかと思います。

18．「褒める」ことより「励ます」こと

教育の場において、教師や親の役割は、子どもに対して「褒める」ことより、「励ます」ことだと思います。子どもに対して「褒める」ことではなく、「励ます」という教育の場面は、教師や親にとっては「忍耐」となります。ここでいう「忍耐」とは、難しいことではなく、子どもに対する愛情という名の下で早く「何か」を教えてあげたい気持ちをこらえ、自己防衛能力、自己コントロール能力、問題解決能力が身につくまで見守ってあげることです。
例えば、常にテストで40点しか取れなかった子が、ある日80点をとれた際に、「頑張ったね」「やればできるじゃん」「やったね」「自慢するな」ではなく、「嬉しいね。私（ママ、パパ）がこんなに嬉しいんだから、君（実名を言う）はパパ、ママよりさらに嬉しいんだろう。すごい人だね」が言えるような、心を育まなければならないと思います。

19．幸せじゃない返事が多い

「皆さん、幸せですか？」近頃この挨拶に、「幸せじゃない」という返事が目立つようになりました。なぜでしょうか。天気のせいなのか？　天気に左右されないような心を持ちましょう。
最近、文部科学省が行っている、大学入試の改革に関するニュースを紹介します。文部科学省の諮問機関である「中央教育審議会」の高大接続特別部会は、先月、大学入試センター試験に代えて導入を検討中の「達成度テスト・発展レベル（仮称）」について、関係団体から書面で寄せられた意見を公表しました。それによると、現行の知識偏重からの脱却を掲げ、年複数回の実施や、成績の段階別表示を検討していることに、高校、大学側から懸念の声が相次ぎ、論議

の行方に影響を与えることになりそうだということです。

　国立大学協会や全国高等学校長協会など、計22団体からの意見によると、特に年複数回実施については、「学校行事や部活動への影響を懸念」（日本私立中学高校連合会）、「高校教育への配慮から、3年の1月以前の試験実施は難しい」（全国高校長協会）といった厳しい意見がありました。「運営側の負担に十分配慮を」（国立大学協会）との要望もありました。

　成績を1点刻みでなく段階別表示にすることについても、「段階別表示で合格者を決定することは不可能なので、できる限り細分化された成績の提供をしてほしい」（公立大学協会）など否定的な声もあります。

　教科横断型試験には賛同の声がある一方、「現在の高校教育は教科・科目をベースにしており、学習指導要領を変えない限り、達成度を測るのは困難」（全国都道府県教育長協議会）との指摘もあります。

　今後の改革の動きが注目されますが、何をどうしたいのか。子どもたちをどうしたいのか。本当に見ているとイライラしてきます。

20．日本・韓国・中国人の国民性

　日本、韓国、中国、三カ国の国民性、生活、教育、文化、などの生活パターンについて、比較してみたいと思います。ただし、ここに紹介するものがその国のすべての国民性ではなく、一般論であり、Kim pittが感じた、教育、生活、文化、宗教にまつわる違いの紹介なので、政治的背景は全く関係のないことをご理解ください。

　これは、旅行先での実体験に基づく話です。仕事や遊びで海外に行くと、たびたびツアーの団体旅行客を目にします。その中で特に多いのが、日本人、韓国人、中国人の東アジア三ヶ国の団体です。彼（女）らの仕草や行動を見ていると、あれは日本人、これは韓国人、あれは中国人の団体だと一目でわかります。もちろん、しゃべらないでいるときのことです。ツアー客ではなく、1人旅の場合でも空港の待ち合わせ室での座り方や仕草でわかります。服装や体の動きなどでも判断できますが、彼（女）らが取る行動から、3ヶ国の国民性の特徴を見てみましょう。

　例えば、旅行先で何かトラブルが生じたとき、どんな態度を取るのか。はっきりと国民性が見えてきます。まず、日本人グループから見てみましょう。絶対に本人は出て行かず、添乗員（ガイドさん）が相手のところに行き、問題解

決をしようとします。これには言語のハンディがあるからかも知れませんが、添乗員も自分の仕事だと思っているからです。もちろん、そうじゃない添乗員さんもいると思いますが…。

　では、同じ場合、韓国人はどんな行動を取るでしょうか。ガイドさんではなく、言語ができなくても、本人自らが相手のところに行き、身振り手振りで、解決しようとします。自己主張が非常に強い韓国人は、OECDによるPISA調査で、「問題解決能力」が常に1位です。韓国人のメンタルがなんとなくわかります。

　さて、中国人はどんな行動を取るのでしょう？　本人をはじめ、ガイドさん、ツアーに参加しているほぼ全員が相手のところに行き、解決（いわゆる集団抗議）しようとします。国家意識は非常に薄いが、民族意識が非常に強い中国人の意識がなんとなくわかります。

　どれがいいか、悪いかの話ではなく、これには教育をはじめ、言語文化が深く関わっているのではないかと思います。「受身」の言語が多い日本語に慣れている日本人は、どうしても主張が弱いです。ちなみに、受身の表現がほとんど見られないのが韓国語です。だから、韓国人が日本語を習う際に一番苦手な表現が「受身」です。そして、トラブルがあったり、何か気に入らないことがあれば、「まあいいか、こんなところ来なければ」という発想が少なくありません。

21．Kim pittが尊敬する日本人

　Kim pittが尊敬する福沢諭吉（1835-1901）をとおして最近の社会や教育の動きについて、一言言いたいです。

　福沢は、脱亜入欧や征韓論等を唱えたことで、韓国を始めアジアでは悪名が高いです。しかし、Kim pittは、彼のことを一教育者、一思想家として尊敬しています。彼は、幕府の鎖国政策下で、日本を文明国にするために、全生涯を捧げた人と言っても過言ではありません。

　彼の自伝によると、彼は生涯学問を極めることに尽くしていたことがうかがえます。彼の夢は日本を西洋のような文明大国にすることでした。戦争では敗戦しましたが、実際にその夢を果たし、日本が持つ知力は、日本を再び経済大国として成長させる原動力となりました。韓国や中国の立場から見ると、彼は帝国主義侵略を理論的に確立した帝国主義の支持者であり、人種差別主義者であったため、批判されがちな人物です。しかし、日本の立場から見ると、彼は日本を先進文明国として発展させた有能な教育者であり、思想家なのです。日

本は24人（米国籍者2人を含む）のノーベル受賞者を育成した知識強国です。これは何を意味しているのでしょうか？　福沢が夢見ていた日本は、24人というノーベル賞受賞を通して現実化されたと言えます。

　強い国作りに生涯を尽くした福沢について論ずる際に欠かせないのが、イタリアの思想家ニッコロ・マキャベリ（1469-1527）です。福沢の思想は、マキャベリの思想とも一脈相通じる点が多い、福沢の先輩と言えるでしょう。彼の思想から影響を受けたとも言われています。

　福沢の言葉にあるように、学者は、世論を気にせず、彼（女）らの非難を恐れてはならない。真理を見つけるためには絶え間ない苦行に耐えなければなりません。

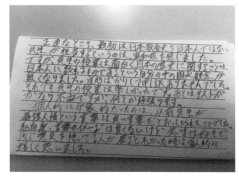

日本教育史の授業に出てきた
学生のリアクションペーパー

　イギリスの経済学者アダム・スミス（1723-1790）が初めて経済理論を述べた際に、世間は彼の理論を妄説として攻撃しました。そしてガリレオが地動説を主張したときも異端として断罪しました。このように、人々は自分の意見と合致しない場合は、正しい思想であっても容易に受け入れようとしません。

　国力の強弱は、国民の教育水準によって決まると言ってもいい現在の国際社会において、福沢やマキャベリのような洞察力を持つリーダーの役割がどれだけ大切なのか。今、日本の社会を導く指導者や教育者らに、何が人間のためになるのか、子ども達の幸せになるのか、一度自分たちの役割について深く考えてほしいと、強く願います。

あとがき

この文献をまとめている1月18日に携帯が鳴りました。郷里の兄からでした。よほどの急用でないと携帯には電話をしない兄なので、嫌な予感がしました。
「母が倒れ意識不明で、生存の確率は1%」
何も考えられず、受話器の向こうの兄の震える声を聞いていました。
前日まで元気だった母。定期的に毎週日曜日の夜は母に電話をかけていたので、1月17日の日曜日の夜は話が長くなりそうだったので
「明日にしよう」としていたところでした。
母は長男の急死により、父と義理の姉（私の）やその子どもたちの面倒を見ていましたが、その父も亡くなり、義理の姉と子供の4人で生活していました。しかし、突然家族に独立宣言をし、数年前から一人暮らしに。
死因は脳出血でしたが、一人暮らしだったので、その発見が遅れ、間に合わなかったようです。兄に
「担当医の話から、すぐ何とかなるわけじゃないので、お前が帰ってきても何も変わらない。学期末でもあるので、早く片付けなければならない仕事を済ませて帰ってこい。それまで何とかするから」
といわれていたので…。人間本当に冷たいですね。
24日に帰る予定でしたが、その後容態が急変し、22日の夜「善終」（カトリックでの表現、いわゆる、招天、昇天）しました。母の「善終」により、私は人生の目標が一つ増えました。
今までより一生懸命に、より他者のために生きることです。それは、死んで母のいるところに行きたいからです。
母の生き方から、彼女は間違いなく天国にいるはずです。母は、寄付とまではいかないけど、常に誰かに何かを施すことが好きでした。
自分で使うものだけを残し、自分が使わなくなっても、蓄えることなく、誰かに譲っていました。モノやお金は流さないと入ってこない主義でした。
里帰りの際に、郷里ではなかなか入手しにくい物を、これだけあれば充分に足りると思って持って帰ると、その日のうちに消えてしまう事を何度も経験しました。
こんなにいらないからと、その日のうちに周りに人々に無償のデリバリー（笑）。
いわゆる「因果応報」なのか、なにか言おうとすると、

「みんなあんたらのためにやることだから、余計な口を出さないで！ あんたのお金で買ったけど、私の手に入ったら私のもの。だから、どう使うかは口を出さないで欲しい。そのうち、あんたらのところに戻ってくるから、お黙り」
という感じでした。幸せのメッセンジャーになりたかったかもですね。
一人暮らしになってからも、24時間家の鍵をロックしたことを見たことがないです。
「別に持っていかれるものもないし、もし、持っていかれてもその人のために役つ立つならそれでいいだろう。また、誰でも、いつでも気楽に我が家に来れるようにしないと」
このような感じの母でした。いまだに、実感できてないが、そんな母の子として生まれてよかったと思います。

天国にいるそんな母（テレサ崔貞分）にこの文献を捧げたいです

Kim pitt

最後に、執筆の際にご協力いただいた「人文学ゼミ生」をはじめ、早稲田大学の仲間の皆さんに深く御礼申し上げます。さらに、本書の刊行においては、(株)造形社 社長 内木場博美氏、編集部 善田圭二氏、編集部 武田真理子氏よりご尽力をいただきました。この場を借りて深く謝意を表します

Kim pitt
博士（教育学）

国際基督教大学、国士舘大学、日本大学、星槎大学、聖心女子大学、早稲田大学において教育専門や教職課程の専任もしくは兼任教員として従事し、日夜、教育に関する研究をおこなっている。これらの大学では通学制の学生、LDやADHDといった特別支援教育を必要とする学生、通信制の社会人学生など、多様な背景をもった学生たちに接し、基礎的な教育に関する知識を指導している。しかし、教職課程を学ぶ学生たちに対しては、「教員としての行動力」や「人間的な共感能力をもつ豊かな人間力」を指導の軸として強調している。また一方で、文部科学省国立教育政策研究所客員研究員として教育政策に関する研究にも従事し、ユネスコ共催のAPEID（アジア太平洋地域教育専門家セミナー）に参加するなど、教育に関わる国際セミナーも主催している。

文部科学省国立教育政策研究所客員研究員・特定非営利活動法人エデュース代表理事。

本書は金泰勲（Kim pitt）氏のブログをまとめたものです。著者の意図を尊重した文章表現となっておりますことをご了承下さい

人生をバラ色に変える
コミュニケーション講座
～Kim pittの教育現場から～

発行・発売日	2016年10月11日　初版第1版発行
著者	金泰勲（Kim pitt）
発行人	内木場博美
発行元	株式会社造形社
	〒164-0011　東京都中野区中央5-2-2
	TEL 03-3380-1061／FAX 03-3380-1016
	http://www.zokeisha.co.jp
印刷	昭栄印刷株式会社

ISBN978-4-88172-521-4
※万一、落丁乱丁のある場合は造形社までお問い合わせ下さい。

© 2016 金泰勲（Kim pitt）　Printed in Japan

http://www.geocities.jp/kim_pitt_cafe/
Twitter: KIM Pitt@TaeHoonPitt